Schwabe reflexe 59

Stefan Lorenz Sorgner

Übermensch

Plädoyer für einen Nietzscheanischen Transhumanismus

Schwabe Verlag

MIX
Papier aus verantwor-
tungsvollen Quellen
FSC® C083411
www.fsc.org

Bibliografische Information der Deutschen Nationalbibliothek
Die Deutsche Nationalbibliothek verzeichnet diese Publikation in der Deutschen
Nationalbibliografie; detaillierte bibliografische Daten sind im Internet über
http://dnb.dnb.de abrufbar.

© 2019 Schwabe Verlag, Schwabe Verlagsgruppe AG, Basel, Schweiz
Umschlaggestaltung: icona basel gmbh, Basel
Satz: 3w+p, Rimpar
Druck: CPI books GmbH, Leck
Printed in Germany
ISBN Printausgabe 978-3-7965-3915-2
ISBN eBook (PDF) 978-3-7965-3930-5
Das eBook ist seitenidentisch mit der gedruckten Ausgabe und erlaubt Volltextsuche.
Zudem sind Inhaltsverzeichnis und Überschriften verlinkt.

rights@schwabe.ch
www.schwabeverlag.ch

Inhalt

Einleitung

Wir befinden uns auf dem Weg zum Übermenschen. Nietzsche ist diesbezüglich zuzustimmen. Wir sind ganz und gar Teil der Natur, unterscheiden uns nur graduell von anderen Lebewesen und sind daher, wie alle anderen Lebewesen auch, vom Aussterben bedroht. Hier gibt es nur zwei Möglichkeiten: Entweder entwickeln wir uns beständig weiter, um stets an unsere Umwelt angepasst zu sein, oder uns wird es schon bald nicht mehr geben. Der Homo sapiens sapiens ist aus einer Entwicklung vom Homo habilis über den Homo erectus und den Homo sapiens hervorgegangen. Es wäre naiv, davon auszugehen, dass der Homo sapiens sapiens das krönende Ende dieser evolutionären Entwicklung darstellt. Wollen wir nicht aussterben, werden wir uns weiterentwickeln müssen. Sonst werden sich die Umweltbedingungen, die sich selbst ständig verändern, zu für uns feindlichen entwickeln und für unser Aussterben sorgen. Wenn wir erfolgreich sein sollten, dann wird es den Homo sapiens sapiens noch eine Weile geben. Schließlich wird auch er vom Übermenschen abgelöst werden.

Der Biologieprofessor, Gründungsdirektor der UNESCO und Begründer des Transhumanismus Julian Huxley ging genau hiervon aus, als er die Prinzipien seines Denkens entwickelte. Um die Anpassung an die Umwelt und zugleich das persönliche Wohlergehen zu fördern, plädiert transhumanistisches Denken nicht nur dafür, die neuesten Techniken zur menschlichen Weiterentwicklung zu nutzen, sondern auch großen Wert auf die Erziehung zu legen. Nur so kann die Wahrscheinlichkeit des nächsten evolutionären Schritts hin zum Posthumanen, dem Übermenschen der Transhumanisten, erhöht werden.

Die geschilderten Entwicklungen sind beständig im Gange. Wir haben unterschiedliche technische Möglichkeiten, um menschliches Florieren zu fördern.[1] Besonders vielversprechend ist bezüglich des Potentials der menschlichen Weiterentwicklung der Bereich der Gentechniken. Bioprinter, Crispr/CAS9, PID und 23andme sind hier die entscheidenden Schlagworte. Die durch Eltern bestimmte genetische Modifikation der eigenen Nachfahren ist bei genauer Analyse strukturell analog zur traditionellen Erziehung und sollte daher auch moralisch analog bewertet werden.[2] Erziehung hat immer schon die genetische Modifikation beinhaltet. Die neuesten Einsichten aus der Epigenetik, d. h. des Studiums von umweltbedingten Änderungen von Genfunktionen, unterstreichen diese Einschätzung. Aufgrund der Entwicklungen der vergangenen Jahre, insbesondere hinsichtlich der Entwicklung von CRISPR/Cas9, einer günstigen, präzisen und verlässlichen sogenannten «Genschere», und Big Gene Data, d. h. der Anwendung von Big Data Analysen auf Gene, hat dieses Themengebiet enorm an Relevanz gewonnen.[3] Das Potential für die Förderung der Entstehung einer neuen Art mittels der Vielzahl der Gentechniken ist kaum zu überschätzen. Auch zur Selektion nach vorangegangener Präimplantationsdiagnostik im Rahmen der künstlichen Befruchtung sind wir bereits heute in der Lage. Die gesetzlichen Rahmenbedingungen sind der Grund dafür, dass noch nicht gemacht wird, wozu wir technisch bereits fähig sind. Die anderen beiden entscheidenden technischen Möglichkeiten, um den autopoietischen Selbstüberwindungsprozess zu unterstützen, sind die Förderung von Mensch-Maschine-Schnittstellen und die künstliche Intelligenz. Insbesondere die Mensch-Maschine-Schnittstellen halte ich für die menschliche Weiterentwicklung von zentraler Relevanz, denn Smart Cities benötigen auch geupgradete Menschen. Wenn alle lebensweltlichen Bereiche mit einem RFID-Chip, d. h. mit (aktive RFID Chips) oder ohne (passive RFID Chips) Antenne versehene *radio frequency identification Chips*, versehen werden, dann muss dies auch mit uns Menschen geschehen, um eine effiziente Interaktion gewährleisten zu können. Computer werden in rasanten Schritten kleiner. Vor 25 Jahren hatten wir PCs. Diese werden immer stärker durch das Smartphone verdrängt. Der nächste naheliegende Schritt stellt die Integration des Computers in den Menschen dar. Der Monitor wird dann direkt an unsere Sehnerven gekoppelt. Per Gestensteuerung bedienen wir ihn. Die Texteingabe erfolgt unmittelbar durch unser Denken. Die Zukunft des Schreibens ist das Denken. Das Internet der Dinge wird so durch das Internet der körperlichen Dinge ergänzt. Sensoren des integrierten Computers werden sich an unterschiedlichen Teilen unseres Körpers befinden, um so unsere Körperfunktionen überprüfen zu können. Forscher der Tufts Universität haben bereits einen Sensor entwickelt, der in unsere Zähne integriert werden kann, um so unsere Nahrungszunahme zu überwachen. Mittels dieser Sensoren und der permanenten Überwachung unseres Körpers erkennen wir Krankheiten nicht erst dann, wenn sie weit vorangeschritten sind, sondern möglicherweise noch bevor sie begonnen haben, sich zu entwickeln. *Predictive maintenance* nennt man diesen Vorgang bei Maschinen. Die vorausschauende Instandsetzung wird mit der Weiterentwicklung des Internets der körperlichen Dinge, d.h. eines Netzwerks von interagierenden Chips, die sich im menschlichen Körper befinden, jedoch auch bei Menschen möglich sein, wodurch wiederum die Erhöhung der menschlichen Gesundheitsspanne, d.h. der Spanne gesunden Lebens, radikal gefördert werden wird. Diese Visionen der genetischen Weiterentwicklung und des geupgradeten Menschen halte ich für wahrscheinlich und vielversprechend.

Leider wird der Transhumanismus in der öffentlichen Wahrnehmung häufig mit einer weiteren Technik in Verbindung gebracht, die von Elon Musk und seinen Freunden aktiv in den Medien vertreten wird, das *Mind uploading*. Es handelt sich hierbei um die Vorstellung, dass unsere Persönlichkeit in einen Computer geladen und die Zukunft der menschlichen Existenz eine digitale sein werde. Das sogenannte Simulationsargument, das von Musk in der Öffentlichkeit häufig thematisiert wird, setzt die Möglichkeit des *Mind uploadings* voraus und bringt Gründe vor, weshalb seine Realisierung naheliegend ist. Eine vorherrschende Deutung des Mooreschen Gesetzes legt etwa nahe, dass sich alle 2 Jahre die Prozessorleistung von Computern verdoppelt. Da die menschliche Persönlichkeit als Software zu verstehen ist, die auf der Hardware des Körpers läuft, ist zu erwarten, dass in den kommenden Jahrzehnten die Leistungsfähigkeit von Prozessoren so hoch sein wird, dass menschliche Persönlichkeiten als Software auf Computern existieren können. Auf diese Weise sei die menschliche Unsterblichkeit zu realisieren. Dass dies ein unplausibler Gedanke ist, werde ich im nächsten Abschnitt erläutern. Leider ist es genau dieser Gedanke, der in der Öffentlichkeit primär mit dem Transhumanismus identifiziert wird: Mittels *Mind uploading* wollen Transhumanisten unsterblich werden. So wird der Transhumanismus medial meist vorgestellt. Dies ist aber keine Charakterisierung, die alle Spielarten des Transhumanismus trifft. Zahlreiche Transhumanisten gehen zwar in der Tat von der Plausibilität dieser Vorstellung aus, da sie das gerade erwähnte Menschenbild teilen. Jedoch ist der Transhumanismus nicht notwendigerweise an diese Anthropologie gekoppelt. Der Kern des Transhumanismus liegt ausschließlich darin, den Gebrauch der neuesten Technologien zu bejahen, um die Wahrscheinlichkeit eines guten Lebens zu fördern. Welche Techniken hiermit gemeint sind und woran gutes Leben gekoppelt ist, wird auch unter Transhumanisten intensiv diskutiert. Ich selbst kann die Möglichkeit des *Mind uploadings* zwar nicht ausschließen, jedoch verbinde ich aus zahlreichen

Gründen keine allzu großen zeitnahen Hoffnungen mit ihr. Der entscheidende Grund ist, dass allen uns bekannten Lebensformen eine Kohlenstoffbasis zugrunde liegt, wobei die Eigenschaft Leben mit der Fähigkeit der Selbstbewegung einhergeht. Bei Bäumen besteht die Selbstbewegung im eigenständigen Wachstum. Dies bedeutet nicht, dass ich es ausschließe, dass Leben auch auf einer Siliziumbasis existieren kann, jedoch haben wir hierfür gegenwärtig keine Indizien. Aus diesem Grund erachte ich die Annahme, dass wir in 30 Jahren dazu in der Lage sein werden, unsere Persönlichkeit auf eine Festplatte laden zu können, für höchst unplausibel. Wesentlich vielversprechender als die Verlagerung der Persönlichkeit auf einen Computer erscheint mir die Integration des Computers in den Körper, denn es ist diese Entwicklungslinie, die wir seit Jahrzehnten beobachten können. Computer werden immer kleiner und werden immer stärker in den Körper integriert. Ein derart geupgradeter Körper kann wiederum durch Computer gut überwacht werden, wodurch wir zahlreiche Einsichten über körperliche und auch genetische Prozesse erlangen. Auch auf diese Weise können die Möglichkeiten der menschlichen Selbstgestaltung gefördert werden. Insbesondere auf die mittlerweile bereits verlässlichen, präzisen und kostengünstigen Genmodifikationstechniken, die ich für die bedeutendsten wissenschaftlichen Innovationen dieses Jahrzehnts halte, werden wir in nicht allzu ferner Zukunft zahlreiche bisherige Grenzen unseres Menschseins überwinden können. Die Unsterblichkeit erlangen werden wir auf diese Weise jedoch nicht.

Unsterblichkeit versus Geist der Anti-Utopie

In 30 Jahren werden wir unsterblich sein. Dann werden wir dazu in der Lage sein, unsere Persönlichkeit auf eine Festplatte zu laden. Von dieser aus lässt sie sich leicht vervielfältigen, auf andere digitale Speichermedien übertragen oder sogar in einen neuen Organismus herunterladen. Das Leiden wird abgeschafft werden. Mit Hilfe von Simulationen können wir alle Arten von Freude erleben, die wir gegenwärtig nur im Traum erfahren können. Superman auf Viagra wird gemeinsam mit Wonder Woman mit Silikon in einem Land leben, in dem Milch und Honig fließen. Ein solches Leben erwartet uns in unserer post-humanen Zukunft.

So lauten nur einige weitverbreitete Vorurteile gegenüber dem transhumanistischen Denken. Es ist nicht so, dass diese Vorurteile gänzlich unbegründet sind. Es gibt unter Transhumanisten durchaus einige junge Männer, die etwas zu lange vor dem Computer gesessen und sich im Ernst ähnlich geäußert haben. Von einer seriösen, reflektierten Zukunftsvision sind diese Überlegungen jedoch weit entfernt, und zwischen Visionen, also Extrapolationen von gegenwärtigen wissenschaftlichen Erkenntnissen, und Utopien, schönen Zukunftsorten, in denen das Paradies auf Erden unumstößlich erreicht sein wird, muss stets klar unterschieden werden. Auch bei der Unsterblichkeit handelt es sich um eine gerne herangezogene Utopie. Die Motive für die Entwicklung solcher Utopien sind vielfältig. Religiöse Menschen gehen häufig auf das Thema der Unsterblichkeit ein, um die Nähe von Transhumanismus und religiösem Glauben zu verdeutlichen. Kritische Philosophen erwähnen transhumanistische

Utopien, um die Unglaubwürdigkeit des Transhumanismus zu unterstreichen. Ernstzunehmende Transhumanisten greifen zuweilen auf die Unsterblichkeits-Rhetorik zurück, um Aufmerksamkeit zu erregen, wohlwissend, dass eine Unsterblichkeit im wörtlichen Sinne auf der Basis einer naturalistischen Anthropologie, die der Existenz von der Empirie prinzipiell nicht zugängigen Entitäten skeptisch gegenübersteht, keine denkbare Option darstellt. Ich halte diese Vorgehensweise für irreführend und halte es für intellektuell redlicher, Assoziationen mit Unsterblichkeits-Utopien zu vermeiden. Tatsächlich kann Unsterblichkeit vor dem Hintergrund einer relationalen oder nicht-dualistischen Anthropologie[4] noch nicht einmal gedacht werden. Halten wir zunächst fest, dass «Unsterblichkeit» vielerlei bedeuten kann. Das Wort kann implizieren, dass jemand nicht sterben kann, also gezwungen ist weiterzuleben, auch wenn dies nicht in seinem Interesse sein sollte. Weiterhin kann es bedeuten, dass ein unsterblicher Mensch, nicht notwendigerweise sterben muss. Dies beinhaltet, dass es durchaus zu Umständen kommen kann, in denen er stirbt, es jedoch nicht notwendigerweise gegeben sein muss, dass er je in eine solche Situation kommen muss. In beiden Fällen besteht die Option des Nicht-Sterbens. Welche Forderungen gehen jedoch mit dieser Vorstellung einher? Auch eine Lebensdauer von mehr als 5 Millionen, 5 Milliarden oder mehr Jahren würde einem in diesem Sinn Unsterblichen kurz vorkommen. Wie können wir diese Idee jedoch in einer grundsätzlich naturalistischen Welt denken, die wahrscheinlich durch einen Big Bang oder mehrere solche Ereignisse entstanden ist, und die sich im beständigen Prozess der Veränderung befindet? Das langsame Erkalten und der darauffolgende Stillstand sind eine realistische Zukunftsvorstellung des Universums. Auch die Möglichkeit der Kontraktion des Universums und der anschließenden kosmologischen Singularität ist durchaus gegeben. Aber wie sollte irgendein Mensch eine solche Zukunft je überleben können? Weder ein organischer noch ein digitaler Mensch hat hier realistischerweise eine reelle Chance. Wir sind sterblich und wir werden sterblich bleiben, ob es uns gefällt oder nicht und ob wir den Gedanken der eigenen Sterblichkeit ertragen können oder nicht. Die Unsterblichkeit zu erstreben, ist genauso sinnvoll, wie einen perfekten Endzustand eines Wolkenkuckucksheims als realistisches gesellschaftliches Ziel vorzugeben. In beiden Fällen sind wir zum Scheitern verurteilt. Die Welt ist dynamisch. Sie verändert sich in jedem Moment in jedem Bezug. Eine Welt ohne Veränderung ist nicht zu denken. Jede politische Ordnung wird sich auch wieder auflösen. Auch dieser Gedanke kann hilfreich sein. Zu leicht werden viele Menschen durch politische Zukunftsutopien dazu gebracht, die Gegenwart zu opfern. ‹Die Reichen müssen getötet werden, um eine klassenlose Gesellschaft zu realisieren.› ‹Die Kreuzzüge müssen gewonnen werden, um paradiesische Zustände zu erschaffen.› ‹Die überlegene Rasse muss sich durchsetzen, um ein vollkommenes Reich zu etablieren.› Die Logik ist stets dieselbe. Die Gegenwart soll für eine perfekte Zukunft geopfert werden. Stärker noch: Aktuell lebende Menschen werden geopfert, um die Entstehung einer nie zu realisierenden Utopie zu fördern. Wir haben in der Vergangenheit bereits genügend Erfahrungen mit solchen Ideologien gemacht, als dass wir uns je wieder auf sie einlassen sollten. Es geschieht jedoch immer wieder. Vielleicht kann eine entsprechende Erinnerungskultur helfen, dem vorzubeugen.

Aus diesem Grund treibt der Geist der Anti-Utopie meine Überlegungen an. Der Versuch, Utopien zu realisieren, impliziert, den Einzelnen und die Gegenwart zu opfern, totalisierende Strukturen zu etablieren und paternalistisch zu handeln, um eine nicht zu erreichende Zielvorstellung zu unterstützen. Auch viele transhumanistische Denker vertreten manche durchaus problematische Form von Utopie. Hiervor sei gewarnt. Meine Überlegungen plädieren für bestimmte Richtlinien und Grundsatzüberlegungen. Es ist wahrscheinlich, dass Gentechniken und die Integration von Chips in unseren Körper ganz entscheidend für die menschliche Weiterentwicklung sein werden. Dass das *Mind uploading* hingegen in absehbarer Zeit realisiert werden kann, halte ich für höchst unwahrscheinlich. Diese Einschätzungen implizieren noch keine Bewertungen der jeweiligen Zukunftsperspektiven. An welchen Werten und Normen wir unsere Entwicklungen ausrichten sollten, habe ich hier noch gar nicht thematisiert. Bei den hier kurz skizzierten technischen Entwicklungsoptionen handelt es sich auch nicht um irgendwelche Utopien. Vielmehr sind es mögliche Visionen, die aus gegenwärtiger wissenschaftlicher Sicht wahrscheinlich sind.

Auch manche Transhumanisten, die das Wort Unsterblichkeit verwenden, sehen diese nicht als Utopie an. Vielmehr greifen sie auf dieses emotional stark belegte Wort zurück, um Aufmerksamkeit für eine aus ihrer Sicht besonders wichtige Forderung zu gewinnen: die Forderung nach der Verlängerung der menschlichen Lebensspanne. Hier wird das Wort aus rhetorischen Gründen eingesetzt, und dieser Gebrauch ist durchaus ein wirkmächtiger. Viele Gelehrte, Aktivisten und auch Mitglieder der breiten Bevölkerung reagieren auf das Wort «Unsterblichkeit» sensibel, vermutlich weil der Tod eine, wenn nicht *die* zentrale menschliche Herausforderung darstellt. Für die meisten Menschen sind die Vorstellungen des eigenen Sterben-Müssens und der eigenen Nicht-Existenz stark aufwühlende Gedanken. Die Welt hat so viel zu bieten, wenn es uns gut geht und wir die Möglichkeiten haben, dies auszutesten. Es gibt so viele Bücher zu lesen, Weine zu trinken, Länder zu bereisen und Intimitäten zu erkunden. Ich kann mir nicht vorstellen, dass es mir hierbei je langweilig werden sollte. Auch ergeben sich beständig so viele neue lebensweltliche Hindernisse, die überwunden werden müssen, dass es mir alleine aus diesem Grund schon schwerfällt, Langeweile als eine Herausforderung anzusehen. Schopenhauer hat diesbezüglich Unrecht. Er betont, dass menschliches Leben entweder durch die Überlebensangst oder die Langeweile geprägt sei. Sozial schlechter Gestellte hätten die beständige Sorge davor, die eigenen Grundbedürfnisse nicht erfüllen zu können. Sozial Abgesicherte hingegen würden sich langweilen. Diese Einschätzung erscheint mir zu dualistisch. Jeden Menschen kann die Sorge um das nackte Überleben betreffen. Vor dem sozialen Absturz ist niemand sicher. Dies ist auch ein Grund dafür, warum die Langeweile eines Bessergestellten nicht notwendigerweise besonders stabil ist. Die Sorgen eines Schlechtergestellten auf die Existenzangst zu reduzieren, erscheint mir ebenso zu einseitig gedacht zu sein. Sinn, Freiheit und Wertschätzung sind nicht nur für Reiche zentrale Herausforderungen. Dass ein aktiver, spielerischer, kreativer und kontemplierender Umgang mit diesen Fragestellungen zur Langeweile führen muss, ist nicht plausibel.

Alle diese Reflexionen unterstreichen, dass unsere Sterblichkeit eine Herausforderung darstellt. Die religiösen Erwiderungen auf diese Frage waren deshalb besonders wirkmächtig und sind es zuweilen auch noch heute. Sollte man nicht vorsichtshalber an Gott glauben, um sich die Möglichkeit eines erfüllten unsterblichen Lebens nicht zu verbauen. Man hat doch nichts zu verlieren, so Pascal. Aber genau dies ist nicht der Fall. Wir haben in der Tat etwas zu verlieren, wenn wir uns an die rigiden Normen einer speziellen religiösen Weltanschauung halten. Wir leben dann nicht nach unseren eigenen Begierden, idiosynkratischen Wünschen und tiefgründigen Fantasien, die jedoch unser Leben erst zu einem lebenswerten machen. Altern und Sterblichkeit sind Probleme, auf die häufig durch den rhetorischen Gebrauch des Worts «Unsterblichkeit» aufmerksam gemacht werden soll. Hiermit ist übrigens nicht alleine die Forderung nach einer Verlängerung der Lebensspanne verbunden. An dieser alleine haben viele Menschen wahrscheinlich kein Interesse. Mehrere Jahrzehnte mit starken Schmerzen im Bett zu liegen, während der eigene Körper verfault, ist nicht im Interesse der meisten Menschen. Vielmehr soll mittels des Unsterblichkeitsbegriffs primär auf die Frage nach der Bedeutung der Gesundheitsspanne aufmerksam gemacht werden, die in der Tat von einer großen Mehrheit aller Menschen wertgeschätzt wird – jedoch sicherlich nicht von allen Menschen, weshalb es sich auch bei der Förderung der Gesundheitsspanne nicht um ein Allzweckgut handelt. Es gibt gesunde Menschen, die das Leben aus den unterschiedlichsten Gründen nicht ertragen können und deshalb sterben wollen. Für sie wäre die Förderung der eigenen Gesundheitsspanne kein Gut. Es wäre arrogant, überheblich und bevormundend diesen Menschen vorzuwerfen, dass sie geisteskrank seien. Sie sind anders als die meisten Menschen, aber so ist dies nun einmal. Menschen sind unterschiedlich. Eine authentische Äußerung eines Menschen anzuzweifeln, ist eine weitverbreitete menschliche Neigung. Wir übertragen unsere eigenen Gedanken und Emotionen auf andere Personen, und haben die dahingehende Tendenz, nicht akzeptieren zu können, dass diese ganz anders empfinden, denken und fühlen mögen als wir selbst. Aus diesem Grund kann auch die in transhumanistischen Kreisen weitverbreitete Einschätzung, dass Altern eine Krankheit darstellen müsse, nicht ohne weitere Erläuterung stehen bleiben. Auch sie setzt das Bild eines normal funktionierenden Menschen voraus. Traditionell ist ein funktionalistisches Menschenbild in der Medizin häufig anzutreffen und lange Zeit dominant gewesen. Jemand ist krank, wenn ein Organ nicht mehr oder zumindest nicht mehr richtig arbeitet. Entscheidend für die Einschätzung des eigenen Krankseins sollte jedoch das eigene Wohlempfinden sein. Ich bin nur dann krank, wenn ich mich krank fühle. Zu erblinden ist häufig eine persönliche Katastrophe. Mit Grippe fühle ich mich schlecht. HIV-positiv zu sein, fördert in den meisten Fällen nicht das eigene Wohlempfinden. Die Arten des Leidens sind bei diesen drei Beispielen unterschiedlich. Im letztgenannten Fall kann es durchaus sein, dass man sich körperlich gut fühlt. Wenn jedoch das HI-Virus festgestellt wird, führt dies in der Regel zu einem kognitiven Leiden. Das Wissen darum, an AIDS zu erkranken, wenn man nicht damit beginnt, Medikamente einzunehmen, ist meist ein unangenehmer Zustand. Dies gilt in der Regel auch für viele Alterungsprozesse. Wenn man nicht mehr so aktiv, stark, ausdauernd und kraftvoll ist, wie dies mit 20 noch der Fall war, führt dies bei vielen Menschen zum Unwohlsein. In der Regel hört man aus dem eigenen Umfeld, dass es sich dabei um normale Alterungserscheinungen handelt. Muss ich mich deswegen aber gleich besser fühlen? Dies ist bei mir nicht der Fall. Ich fühle mich aufgrund der mit dem Altern einhergehenden Defekte schlecht, und dieses Gefühl ist nicht grundsätzlich von anderen Krankheitszuständen zu unterscheiden. Altern kann eine Krankheit sein, zumindest dann, wenn es so empfunden wird. Wenn wir uns gut fühlen und das tun können, was uns wichtig ist, dann besteht der Wunsch des eigenen Ablebens in der Regel nicht.

Der Gebrauch des Worts «Unsterblichkeit» kann also durchaus sinnvoll sein. Zumindest ist er es dann, wenn es nicht wörtlich gemeint und wichtiger noch, wenn es nicht wörtlich verstanden wird, denn wörtlich verstanden hat es – dies trifft auf alle oben erwähnten Bedeutungen des Worts zu – problematische und gefährliche Implikationen. Wenn es jedoch rhetorisch genutzt und auch so verstanden wird, nämlich um auf die weithin geteilte Bedeutung der Förderung der Gesundheitsspanne aufmerksam zu machen, dann ist der Gebrauch dieses Wortes durchaus zu rechtfertigen.

Meine eigene Vorgehensweise ist jedoch eine andere, da mir die Gefahr, beim rhetorischen Gebrauch des Worts missverstanden zu werden, zu groß erscheint. Aus diesem Grund spreche ich mich klar gegen die Unsterblichkeit aus und betone, dass diese vor dem Hintergrund einer naturalistischen Welt noch nicht einmal konsistent gedacht werden kann. Die Förderung der Gesundheitsspanne ist jedoch in der Tat ein von mir und auch von vielen anderen Menschen geteilter Wert, dem vor allem eine politische Bedeutung zukommen sollte. Daher sollte ihr viel mehr Aufmerksamkeit zuteilwerden, als dies gegenwärtig der Fall ist. Von einer Welt ohne Tod zu träumen und diese als transhumanistische Utopie zu präsentieren, stellt einen Eskapismus dar, der sich kaum von demjenigen vieler Welterklärungen unterscheidet, wie sie in allen Teilen der Erde vorhanden waren und weithin auch noch immer sind. Sie sind höchst gefährlich. Aus diesem Grund kann nur eine nicht-utopische Variante des Transhumanismus einen angemessenen Leitfaden für gegenwärtige Entscheidungen über die Zukunft des Menschen darstellen. Sie soll kein dogmatisches Regelbuch sein, sondern ausschließlich mittels miteinander abzuwägender Überlegungen dabei behilflich sein, zu praktikablen, realistischen und pragmatischen Entscheidungen zu gelangen, die das Wohlempfinden aller Personen berücksichtigt.

Altern als Krankheit[5]

Unsere höchste körperliche Leistungsfähigkeit haben wir mit Anfang Zwanzig. Ab diesem Zeitpunkt geht es mit unserem Körper kontinuierlich bergab. Wir altern. Selbst unser Gehirn, dessen Entwicklungsprozess zum Zeitpunkt unserer höchsten Leistungsfähigkeit abgeschlossen ist, verliert ab dann leicht an Gewicht. Die Sehkraft lässt nach. Die Haare werden dünner und ergrauen. Die Elastizität der Haut lässt nach, weshalb Falten entstehen. Auch bei einer gleichbleibenden Ernährung kommt es zur Gewichtszunahme. Beweglichkeit, Ausdauer und Schnelligkeit nehmen ab. Bei Männern sinkt der Testosteronspiegel bereits ab dem 20. Lebensjahr. Bei Frauen hingegen setzt der Libidoverlust erst später ein. Selbst die Knochendichte erreicht während des dritten Lebensjahrzehnts ihren Höhepunkt. Hierbei handelt es sich um ganz übliche Vorgänge. Sie gehen jedoch mit Schädigungen einher, die uns dem Tod näherbringen. Trotzdem werden sie weithin als unveränderliche Alterungsprozesse betrachtet und nicht als Krankheitszustände.

Gleichzeitig müssen wir feststellen, dass zwei Drittel aller Tode alterungsbedingt sind. Täglich sterben weltweit etwa 150.000 Menschen. 100.000 davon sterben aufgrund von Krankheiten, die durch alterungsbedingte Schäden hervorgerufen wurden. Nur eine geringe Prozentzahl stirbt an AIDS. Die hervorragende Webseite *ourworldindata.org* bestätigt dies. Mit diesen Erkenntnissen ist die von vielen Transhumanisten vertretene Einschätzung verbunden, dass es sich beim Altern um eine Krankheit handelt. Aubrey de Grey ist der wohl prominenteste Vertreter dieser Theorie. Er hat die Prozesse analysiert, die mit dem Altern in Verbindung gebracht werden: 1. Mutationen in den Genen, 2. Mutationen der Mitochondrien, 3. Ablagerungen in den Zellen, 4. Ablagerungen außerhalb von Zellen, 5. Zellverlust, 6. Verlust der Fähigkeit von Zellen sich zu teilen, 7. Die Zunahme der extrazellulären Proteinvernetzung, wodurch die Elastizität zwischen den Zellen abnimmt. Der erste Prozess kann zu Krebs, der vierte zu Alzheimer und der fünfte zu Parkinson führen. Trotzdem werden primär Krankheiten bekämpft, weniger die Schäden, die zu diesen führen und die mit dem allgemeinen Alterungsprozess identifiziert werden. Hierin sieht de Grey das entscheidende Problem. Er geht sogar davon aus, dass die Grenze der durchschnittlichen Lebenserwartung beständig nach hinten verschoben werden könnte, wenn man auf angemessene Weise die Herausforderung des Alterns angehen würde. Wir haben diesbezüglich bereits große Erfolge zu verzeichnen.

Dass wir im Durchschnitt älter werden als unsere Vorfahren, ist eine ganz fantastische Entwicklung, und es ist eine, die an unsere technische Weiterentwicklung gekoppelt ist, d.h. an Bildung, die Fähigkeiten zu lesen und zu schreiben, Hygiene, Impfungen, Anästhetika, Antibiotika. Alle diese Phänomene sind technische. Sie alle haben dabei geholfen, die durchschnittliche Lebenserwartung in Europa innerhalb der vergangenen 150 Jahre zu verdoppeln. Selbst in den vergangenen 50 Jahren hat sich diesbezüglich in Deutschland noch viel getan, nämlich eine Steigerung der durchschnittlichen Lebenserwartung um 15 Jahre. Interessanterweise liegt die Lebenserwartung von Frauen um mehrere Jahre höher als die der Männer. Aber auch auf globaler Ebene hat die durchschnittliche Lebenserwartung signifikant zugenommen. Dies trifft insbesondere auf die Länder zu, in denen die zuvor genannten technischen Maßnahmen gefördert wurden.

Manche Forscher mögen einwenden, dass sich die absolute Grenze der menschlichen Lebenserwartung nicht verändert hätte, sondern nur viel mehr Menschen mittlerweile in der Lage sind, ihr nahezukommen, insbesondere auch aufgrund der wesentlich geringeren Säuglingssterblichkeitsrate. Selbst wenn dies der Fall sein sollte, bedeutet es nicht, dass eine für den Menschen geltende Obergrenze seiner Lebenserwartung besteht. Vor 400.000 Jahren ist der Homo sapiens sapiens erst entstanden. Vor 6 Millionen Jahren hatten die heute lebenden Menschenaffen und der Homo sapiens sapiens noch gemeinsame Vorfahren. Es wäre naiv, davon auszugehen, dass der Homo sapiens sapiens in 6 Millionen Jahren noch immer existieren wird. Spezies müssen sich auf beständige Weise neu anpassen. Entweder eine Spezies passt sich an oder sie stirbt aus. Deshalb ist es notwendig, beständig auf neue Techniken zurückzugreifen, und diese zu entwickeln. Dies ist die entscheidende Grundannahme, die von allen Transhumanisten geteilt wird.

Menschliche Potentiale

Ein bezüglich der Bekämpfung des Alterns vielversprechender Forschungsansatz ist die Schaffung von Mensch-Tier-Hybriden. 2017 ist im *Salk Institute for Biological Studies* in Kalifornien eine Mensch-Schwein-Chimäre entstanden, deren Entwicklung erst nach 28 Tagen abgebrochen wurde. Es ist nicht nur so, dass auf diese Weise möglicherweise Organe geschaffen werden können, bei denen die Wahrscheinlichkeit der Abstoßung beim Empfänger gering ist, sondern auch die Möglichkeit der Übertragung und Integration von nicht-menschlichen Genen auf den Menschen könnte mittels dieser Forschung realisiert werden. Zahlreiche Eigenschaften von nicht-menschlichen Tieren könnten durchaus im menschlichen Interesse sein. Das Axolotl-Erbgut ist besonders bemerkenswert. Das Genom dieses Schwanzlurchs ist etwa zehnmal so groß wie das des Menschen. Nach Verlust eines Körperteils wächst bei ihm innerhalb von Wochen ein vollkommener Ersatz mit Knochen, Muskeln und Nerven nach. Selbst wenn das Netzhautgewebe verletzt und das Rückenmark durchtrennt wird, können sie sich regenerieren. Die Qualle Turritopsis Dohrnii hat eine andere erstaunliche Eigenschaft. Sie ist der erste uns bekannte Vielzeller, der sich vom Stadium eines geschlechtsreifen Individuums wieder in eine sexuelle unreife Lebensform zurückbilden kann. Erst nach erfolgter Vermehrung sterben diese Medusen. Einige Exemplare der Quahog-Muschel sollen bereits über 400 Jahre lang leben. Aber auch größere Tiere erreichen zuweilen ein fortgeschrittenes Alter. Grönlandwale können es schaffen, länger als 200 Jahre zu überleben. Die im Jahr 2006 verstorbene Riesenschildkröte Harriet hat das Alter von 176 Jahren erreicht. Wenn es uns gelingen würde, mittels der neu entwickelten Gen-Schere CRISPR/Cas9 die für diese Lebensspannen verantwortlichen Gene erfolgreich und verlässlich in den Menschen zu übertragen, dann bestünde bei vielen Menschen sicherlich ein enormes Interesse an dieser Option.

Aber auch eine andere bereits vorhandene Technik könnte hinsichtlich der Erhöhung der Lebenserwartung behilflich sein, nämlich die Anwendung von Big Data Analysen auf Gene, die bei Hundertjährigen gefunden werden. So könnte sich herausstellen, dass bestimmte Gene bei ihnen in der Regel vorhanden sind oder eine bestimmte Genkonstellation, sie jedoch bei früher verstorbenen Menschen seltener vorkommen. Diese Erkenntnis könnte darauf hindeuten, dass eine Korrelation von den entsprechenden Genen und der Langlebigkeit besteht. Über Genmodifikation bzw. -selektion könnte man dann das Vorhandensein der entsprechenden Gene fördern.

Eine technisch bereits mögliche Option, die Wahrscheinlichkeit eines längeren Lebens zu erhöhen, wenn wir Langlebigkeitsgene bereits identifiziert hätten, wäre die Selektion nach künstlicher Befruchtung und anschließender Präimplantationsdiagnostik. In Großbritannien werden bei der künstlichen Befruchtung nach einer maximalen Stimulation der Eierstöcke 50 bis 60 Eizellen entnommen, die dann in vitro befruchtet werden. Im Anschluss können diese Zellen zunächst einmal visuell unter dem Mikroskop, dann aber auch mittels einer Präimplantationsdiagnostik genetisch untersucht werden. Falls sich unter den untersuchten befruchteten Eizellen irgendwelche mit den entsprechenden Langlebigkeitsgenen befinden sollten, können drei von ihnen ausgewählt und implantiert werden. Es werden weltweit in der Regel drei befruchtete Eizellen implantiert. Dies liegt in der üblichen Abgangsrate von etwa 30 % begründet, d.h., bei zehn erfolgreichen Befruchtungen im Rahmen des traditionellen Fortpflanzungsprozesses ist die erfolgreiche Nidation nur etwa drei Mal gegeben.

Die Genmodifikation von haploiden Zellen, d.h. von Keimzellen, oder von diploiden Zellen ist aufgrund der Entwicklung der Genschere CRSPR/Cas9 eine weitere immer realistischer werdende Option, um das Vorhandensein bestimmter Erbanlagen zu gewährleisten. Auch auf diese Weise dürften sich in absehbarer Zeit Gene, die mit einer signifikant erhöhten Lebenserwartung einhergehen, bei Menschen realisiert werden.

Verlängerung der Gesundheitsspanne als Verbesserung oder Therapie?

Alle diese Überlegungen machen deutlich, dass die menschliche Lebensspanne keine feste natürliche Größe darstellt, sondern sie ebenso dynamisch und flexibel ist, wie alle anderen Lebensprozesse. Hiermit ist aber noch nichts bezüglich der moralischen Bewertung dieser Eigenschaften ausgesagt. Aus der Möglichkeit, die Lebenspanne zu erhöhen, folgt nicht, dass dies auch ein wünschenswerter Vorgang ist. Selbst einige biokonservative Denker gehen davon aus, dass es moralisch gerechtfertigt ist, wenn Eltern ihre Kinder zur Verlängerung der Lebensspanne genetisch verändern. Der einflussreichste lebende deutsche Philosoph Jürgen Habermas ist diesbezüglich das prominenteste Beispiel. Genetische Eingriffe von Eltern bei ihren Kindern zu therapeutischen Zwecken und zur Lebensverlängerung seien moralisch legitim, da es sich bei diesen beiden Zwecken um Allzweckgüter handeln soll. Sobald die Nachkommen jedoch genetisch verbessert werden sollen, handele es sich um einen moralisch verwerflichen Umgang mit dem eigenen Nachwuchs, da dieser dann wie ein Gegenstand behandelt werde. Hier greife das aus der Menschenwürde folgende Instrumentalisierungsverbot, nach dem eine andere Person nicht allein als Mittel gebraucht werden dürfe. Eine spontane, unreflektierte Reaktion auf diese Überlegungen mag diesen Gedankengang sogar zunächst einmal für durchaus plausibel erachten. Hier ist jedoch zu hinterfragen, ob er auch einer philosophischen Analyse standhält.

Vorab muss herausgestellt werden, dass das Instrumentalisierungsverbot nur bei Personen greift. Habermas geht daher offensichtlich davon aus, dass es sich bei befruchteten Eizellen bereits um Personen handelt. Seine moralische Einschätzung von Menschen ähnelt somit der der katholischen Kirche, die den Personenstatus mit dem Moment der Beseelung beginnen lässt, die wiederum im Moment der Befruchtung stattfinden soll. Diese Position vertritt die katholische Kirche jedoch erst seit dem 19. Jahrhundert. Thomas von Aquin ist hingegen von einer graduellen Beseelung ausgegangen. Männliche Nachkommen sollen nach dem 40., weibliche hingegen erst nach dem 90. Tag eine Geistseele erhalten. Die heutige Kirche teilt solch liberale Auffassungen nicht. Auch Habermas wendet bei befruchteten Eizellen bereits das Instrumentalisierungsverbot an, was impliziert, dass diese für ihn Personen sind. Hier muss angemerkt werden, dass noch nicht einmal Bewusstsein zu diesem frühen Zeitpunkt gegeben sein kann, da die Entwicklung des Gehirns und des Nervensystems erst in der 3. Schwangerschaftswoche beginnt und zwischen Gehirn und Bewusstsein wohl ein enger Bezug besteht. Mit Hilfe dieses Zusammenhangs wird heutzutage auch der Tod definiert. Ein Mensch ist tot, wenn der Ganzhirntod eingetreten ist, da mit diesem Zeitpunkt das Bewusstsein nicht wiedererlangt werden kann. Analog hierzu könnte auch mit Bezug auf den Lebensbeginn argumentiert werden. Ohne Gehirn kann also kein Bewusstsein vorhanden sein. Befruchteten Eizellen kommt daher sicherlich kein Bewusstsein zu. Trotzdem identifiziert Habermas sie mit Personen. Alle nicht-menschlichen Tiere werden rechtlich in Deutschland noch immer wie Sachen behandelt und nicht wie Personen. Dies bedeutet auch, dass ein selbstbewusster erwachsener Schimpanse, der den Spiegeltest besteht, rechtlich wie eine Sache behandelt wird, eine befruchtete Eizelle hingegen wie eine Person. Bereits hieran wird deutlich, wie unplausibel Habermas' Argumentation ist. Zur Frage nach einem alternativen Personenkonzept habe ich mich in meiner Monographie

Schöner neuer Mensch bereits deutlich positioniert. Im Rahmen dieser Analyse geht es mir jedoch primär um eine andere Frage, nämlich um die nach der moralischen Bewertung des Alterns.

Zunächst einmal muss der Begriff der Lebensverlängerung genauer betrachtet werden, um zu untersuchen, ob es sich hierbei, wie Habermas meint, um ein Allzweckgut handelt. Ist es notwendig, dass eine Lebensverlängerung stets mit einer Steigerung der Lebensqualität einhergeht? Wie wäre der Fall einer Person zu bewerten, deren Körper verfault, während sie noch am Leben ist? Kann hier stets davon ausgegangen werden, dass das Weiterleben im Interesse jeder Person sein muss, auch wenn der körperliche Fäulnisprozess bereits nicht mehr aufzuhalten ist? Wie wäre der Fall einer Person zu bewerten, die leidet, deren Schmerzen jedoch nicht durch pharmazeutische Mittel einzudämmen ist? Dies kommt in der Tat gar nicht so selten vor. Wäre es hier eine angemessene Reaktion zu sagen, dass es sich bei der Verlängerung der Lebensspanne um ein Allzweckgut handelt, was nahelegen würde, dass jeder, der dies anzweifelt, sich selbst missverstehen, gestört sein oder vielleicht sogar geisteskrank sein muss? Habermas' grundlegende Einschätzung hat auch Auswirkungen auf die moralische Bewertung von Selbstmorden. Wenn es sich bei der Lebensverlängerung um ein Allzweckgut handeln sollte, muss der Selbstmord als ein Vorgang aufgefasst werden, der moralisch problematisch ist. Deutet dann nicht der Wunsch, Selbstmord zu begehen, auf eine Geisteskrankheit hin? Muss der potentielle Selbstmörder dann nicht unter allen Umständen von seiner Handlung abgehalten werden?

Eine solche Grundhaltung ist paternalistisch. Ich weiß viel besser als du, was in deinem Interesse ist. Dein Überleben muss stets die oberste Priorität haben. Selbstverständlich kann es aber gute Gründe geben, sterben zu wollen. Statt die Betroffenen zu bevormunden, sie zu pathologisieren und ihren ohnehin schwierigen Zustand noch weiter zu verschlimmern, sollten ihre Wünsche ernst genommen und sie dabei unterstützt werden, sie zu realisieren. Selbstverständlich gilt dies nur dann, wenn es sich um tatsächliche Wünsche der Betroffenen handelt, und nicht um temporäre emotionale Zustände eines Berauschten oder Verwirrten. In jedem Fall wird anhand der hier beschriebenen Beispiele deutlich, dass das Leid ein entscheidender Grund dafür sein kann, nicht mehr weiterleben zu wollen. Es kann sich hierbei sowohl um physische als auch um psychische Schmerzen handeln. Wie wäre die Situation jedoch ohne das beschriebene Leid zu bewerten? Ist es nicht stets irgendeine Form des Leids, aufgrund dessen der Wunsch des eigenen Ablebens entsteht? Unerreichte Ziele, Krankheiten und enttäuschte Erwartungen sind stets mit irgendeiner Form von Leid verbunden. Nicht jedes Leid ist auf eine Krankheit zurückzuführen, aber alle Krankheiten lassen uns leiden.

Wichtig ist zunächst einmal, dass es uns nicht einfach nur um eine Verlängerung der Lebensspanne geht, sondern um eine Verlängerung der Lebensspanne, in der wir frei von Leid sind. Es geht uns also vielmehr um die Gesundheitsspanne als um die Lebensspanne, also um die Zeitspanne, in der wir gesund leben. Das Leben kann unerträglich sein, wenn das Leid groß ist. Da es uns nicht um die Lebensspanne, sondern um die Gesundheitsspanne geht, ist ein entscheidender Grund dafür, weshalb der zuvor erwähnten Einschätzung von Jürgen Habermas zu widersprechen ist. Die Lebensverlängerung an sich ist kein Allzweckgut. Selbst die Verlängerung der Gesundheitsspanne stellt kein Allzweckgut dar, da wir schließlich nicht nur an Krankheiten leiden, sondern auch aufgrund anderer Zustände, wie etwa des Ehrverlusts, der Demütigung, des Nicht-Erreichens von Zielen oder des Endes einer großen Liebe. Krankheiten stellen jedoch einen Hauptgrund für intensives, kaum zu ertragendes Leid dar, weshalb die Bedeutung der Gesundheitsspanne in der Tat nicht unterschätzt werden darf. Eine Verlängerung der Gesundheitsspanne wird von den meisten Menschen als eine Verbesserung der Lebensqualität gesehen, was psychologische Untersuchungen unterstreichen.

Habermas' Einschätzung, dass es sich bei der Lebensverlängerung um ein Allzweckgut handelt, ist somit zu revidieren. Statt von der Lebensverlängerung sollte eher von der Verlängerung der Gesundheitsspanne gesprochen werden, da ohne eine gute Gesundheit eine Lebensverlängerung in der Regel nicht als etwas Erstrebenswertes aufgefasst wird. Dieses Ziel wird von den meisten Menschen als ein Charakteristikum eines gelungenen Lebens verstanden. Zwar handelt es sich nicht um ein Allzweckgut, zumindest jedoch um ein weithin geteiltes Gut. Diese Überlegungen legen ebenso nahe, dass das Altern eine Krankheit ist – zumindest für die meisten Menschen.

Habermas betont weiter, dass Eltern moralisch dazu berechtigt seien, auch Gentechniken zu verwenden, um Krankheiten ihrer Kinder zu bekämpfen, da es sich bei der Gesundheit um ein Allzweckgut handele. Diese Argumentation setzt voraus, dass Therapien und Verbesserungen konzeptionell klar voneinander unterschieden werden können. Wie ist diese Einschätzung philosophisch zu konzipieren? Ist die technische Förderung der Körpergröße bei einem Kleinwüchsigen anders zu bewerten als bei einem normalgroßen Menschen? Ist Kleinwüchsigkeit in Singapur anders zu bestimmen als in Deutschland, da dort die durchschnittliche Körpergröße geringer ist als in Deutschland? Grundsätzlich kann aus philosophischer Perspektive zwischen einem funktional-objektiven und sensuell-subjektiven Verständnis von Krankheit unterschieden werden. Die zentrale Herausforderung für ein funktionalistisch-objektives Krankheitsverständnis ist, dass sie das Bild eines funktional normalen Menschen voraussetzt. So könnte eine solche Auffassung etwa nahelegen, dass jemand psychologisch krank ist, der kein Interesse daran hat, sein Geschlechtsorgan zu Fortpflanzungszwecken zu nutzen, wofür es gemäß seiner Funktion jedoch vorhanden ist. Diese Überlegung war durchaus dafür von Bedeutung, dass noch vor 60 Jahren in der Bunderepublik Deutschland homosexuelle Handlungen strafrechtlich relevant waren. Dieses Beispiel verdeutlicht eine wichtige Gefahr, die mit einem funktionalistisch-objektiven Ideal eines normalen Menschen einhergehen kann. Ein solches Ideal im Rahmen eines liberal-demokratischen Staates zu konzipieren und es als Grundlage von rechtlichen Regeln zu nutzen, erscheint mir höchstproblematisch zu sein. Das subjektivistische Verständnis von Krankheit ist wesentlich plausibler. Ich bin krank, wenn ich mich krank fühle. Dies trifft bei einem Beinbruch genauso zu, wie auf die Erkenntnis HIV-positiv zu sein. Im ersten Fall handelt es sich um körperliche Schmerzen, im zweiten Fall eher um kognitive, da diese Erkenntnis mit der Einsicht der Lebensverkürzung einhergeht, insofern nichts gegen den Virus unternommen wird. Eine Lebensverkürzung ist nicht im Interesse der meisten Menschen. Andererseits gibt es auch Menschen, die bewusst und gerne HIV-positiv sein wollen. Sollte man diese Menschen pathologisieren? Die menschlichen Wünsche sind vielfältig. Dass ich selbst diesen Wunsch nicht teile, bedeutet nicht, dass es sich hierbei um einen nicht-authentischen Wunsch handeln muss. Die weitverbreitete Neigung, eigene Anliegen zu universalisieren, ist gefährlich. Zu realisieren und zu akzeptieren, dass andere Menschen ganz andere Lebensentwürfe haben als man selbst, ist eine meiner Ansicht nach kaum zu unterschätzende Einsicht.

Die hier angedeutete Krankheitsauffassung hat jedoch noch andere Implikationen. Wenn ich mich mit einem Intelligenzquotienten von 130 unwohl fühlen sollte, da mein Umfeld einen höheren IQ besitzt, würde auch dieser Zustand hier als Krankheit gelten. Es kommt daher auf die persönliche Deutung des eigenen körperlichen und geistigen Zustandes an, wie er zu kategorisieren ist, und weniger auf den Zustand selbst. Hieran wird deutlich, dass bei einem solchen Krankheitsverständnis die Unterscheidung von Therapie und Verbesserung signifikant aufgeweicht wird. Jeder Vorgang kann als Verbesserung, aber auch als Therapie verstanden werden. Infolgedessen werden andere Fragestellungen moralisch relevanter. Habermas teilt diese Einschätzung nicht, da aus seiner Sicht Verbesserungen klar von Therapien zu unterscheiden sind. Genetische Verbesserungen sind aus seiner Sicht moralisch verwerflich, da hier Menschen wie Gegenstände behandelt werden würden. Genetische Therapien sind jedoch moralisch angemessen, da es sich bei der Förderung der Gesundheit um ein Allzweckgut handele. Aus analogen Gründen seien auch genetische Eingriffe zur Förderung der Lebensspanne angemessen.

Meine Gegenposition verdeutlicht hingegen, dass die Abgrenzung von Verbesserungen und Therapien eine fließende ist. Sowohl genetische Verbesserungen als auch genetische Therapien können moralisch legitim sein. Jedoch handelt es sich weder bei der Förderung der Gesundheit noch bei der Förderung der Gesundheitsspanne um Allzweckgüter, sondern nur um Güter, die von den meisten Menschen gewünscht werden.

Beide Positionen deuten zumindest implizit darauf hin, dass es sich beim Altern in den meisten Fällen um eine Krankheit handelt, die politisch zu bekämpfen ist. Ob es sich bei der Förderung der Gesundheitsspanne um ein Allzweckgut handelt oder um ein weithin geteiltes Gut, ist für politische Anliegen meist von sekundärer Bedeutung. Sobald ein Anliegen in einer Gesellschaft weithin geteilt wird, ist dieses politisch relevant und zu berücksichtigen. Hiermit soll nicht gesagt werden, dass jede politische Mehrheitsentscheidung moralisch unproblematisch ist. Dies ist mit Sicherheit nicht der Fall. Ansonsten hätte man die Todesstrafe in Deutschland wahrscheinlich längst wieder eingeführt, insbesondere nach jedem neuerlichen grausamen Kindsmord. Bezüglich des hier beschriebenen speziellen Falls gibt es jedoch genügend empirische Gründe, um davon auszugehen, dass die Förderung der Gesundheitsspanne von enormer menschlicher Relevanz ist, die auch auf politischer Ebene viel stärker berücksichtigt werden sollte, als dies noch immer der Fall ist.

Die eigentlich schwierige Frage ist jedoch, welche praktischen Implikationen sich aus dieser Einschätzung ergeben. Wie können wir die moralische Re-Evaluierung des Alterns auf angemessene Weise durchdenken? Um das menschliche Potential neu überdenken zu können, ist es wichtig, bereit zu sein, sich von dem üblichen Bild der menschlichen Eigenschaften und Alterungsprozesse abzuwenden. Ein Salamander kann Gliedmaße, Netzhaut, Augen und Darm erneuern. Könnte dies auch bei Menschen möglich sein? Analog sind wir zum Teil auch bei der Entwicklung von Maschinen vorgegangen. Wir übertragen Modelle aus der Tierwelt auf Maschinen. Eine Alternative stellt die Möglichkeit des reproduzierenden Klonens dar, wodurch etwa köpereigene Stammzellen so an- bzw. ausgeschaltet werden, dass sich in einer Nährlösung neue Organe bilden ließen. Menschen können Zähne einmalig erneuern. Warum sollte dieser Prozess nicht mehrmals stattfinden können? Bei vielen Mäusen, Ratten, Hunden und Primaten führt die Kalorienrestriktion zu einer radikalen Lebensverlängerung. Könnte diese Vorgehensweise nicht auch für Menschen hilfreich sein? Auch können einzelne Exemplare von anderen tierischen Arten eine Lebensspanne von mehreren hundert Jahren erreichen. Warum sollten die 122 Jahre der Französin Jeanne Calment notwendigerweise die menschliche Obergrenze repräsentieren?

Besonders spannend und relevant sind diesbezüglich die Selbstversuche der Transhumanistin und Unternehmerin Elizabeth Parrish. Ihre Firma BioViva hat das Ziel, Alterungsprozesse mittels Gentherapien zu bekämpfen. Ein Fokus ihres Schaffens gilt der Umkehrung der Telomer-Verkürzungen. Telomere stabilisieren das Ende von Chromosomen. Mit fortschreitendem Alter verkürzen sich diese. Hiermit korrelieren altersbedingte Krankheiten. Um die Wahrscheinlichkeit ihrer Entstehung zu reduzieren, hat sie eine Technik der Telomer-Verlängerung entwickelt, die sie anscheinend erfolgreich im Selbstversuch ausprobiert hat. Wie diese spezielle Forschung zu bewerten ist, ist gegenwärtig noch nicht abschließend zu sagen.

Ein noch größeres Potential, die Krankheit des Alterns zu bekämpfen, besteht darin, biotechnische Maßnahmen mittels digitaler Optionen zu unterstützen. Diesbezüglich gibt es eine große Anzahl von unterschiedlichen Ansatzpunkten. Besonders vielversprechend ist die Anwendung von Big Data auf Genanalysen, sodass Korrelationen von Genen, Genkonstellationen und Zellschädigungen erkannt werden können. Technisch ist diese Zielsetzung bereits zu realisieren. Meiner Ansicht nach wird sich unser gesellschaftliches Zusammenleben aufgrund von Entwicklungen hinsichtlich dieses Anwendungsgebiets auf ganz radikale Weise verändern. Bereits heutzutage ist es für Besucher wie für Bewohner Kuwaits rechtlich verpflichtend, eine Speichelprobe abzuliefern.

Ein anderer Prozess, der mit der Entwicklung von Gesundheitsarmbändern und Smartwatches, enorm an Fahrt aufgenommen hat, wird die Cyborgisierung des Menschen auf ein neues Niveau heben. Wir müssen uns bewusst sein, dass mit der Entstehung des Homo sapiens sapiens der Mensch bereits ein Gesteuerter, d.h. ein Cyborg, war. Wir haben immer schon Techniken in uns integriert, um unsere Leben besser, angenehmer und erfüllter zu gestalten. Auch die Sprache ist eine solche Technik. Es sind Eltern und unser soziales Umfeld, die dafür verantwortlich sind, dass wir uns mit Hilfe von Sprache upgraden. Unser Umfeld überträgt im Rahmen der Erziehung die Sprachfähigkeit in unser Gehirn. Sprachfähige Menschen können daher bereits als Cyborgs angesehen werden. Mit den neuesten Entwicklungen wird diese Steuerung auf ein neues Niveau gebracht, etwa das Computerdownloaden oder das menschliche Upgrading mittels des Computers, das durch Integration von Computern in den menschlichen Körper geschieht. Dieser Vorgang bringt zahlreiche Vorteile mit sich. Entscheidend für die Bekämpfung alterungsbedingter Prozesse könnte etwa die beständige Überwachung des eigenen Körpers sein. Sobald sich der Blutzuckerspiegel, der Cholesterinspiegel oder auch der Blutdruck auf problematische Weise verändern, könnte der Mensch digital gewarnt werden, sodass das Problem unmittelbar in seiner Entstehung angegangen werden kann und nicht erst dann, wenn es schon zu weit fortgeschritten ist. Die Möglichkeiten, die mit dieser Art der Körperüberwachung einhergehen, sind enorm und dürften von signifikanter Relevanz für die Bekämpfung alterungsbedingter Krankheiten sein.

Sobald das Upgrading des Menschen mittels RFID-Chips die Überwachung zentraler Körpervorgänge umfassen wird, kann man wohl von einem Internet der körperlichen Dinge sprechen, das sich komplementär zum Internet der Dinge verhält. So wird die Interaktion zwischen beiden Netzen noch weiter gestärkt werden. Hierdurch dürfte sogar die vorausschauende Wartung (*predictive maintenance*) menschlicher Körper möglich werden. So wie wir mittels dieser Technik bei Maschinen nicht warten müssen, dass Bestandteile kaputtgehen, bevor wir sie austauschen, so müssen wir auch bei Menschen nicht länger auf offensichtliche Anzeichen einer Krankheit warten, um entsprechende Maßnahmen zu ergreifen. Die vorausschauende Wartung menschlicher Körper ist die wohl bestmögliche Maßnahme, um die Erhöhung der Gesundheitsspanne in der nahen Zukunft zu realisieren.

Eine weitere faszinierende Entwicklung haben Forscher des MIT am Ende des Jahres 2017 vorgestellt. Sie haben eine Technik entwickelt, mit der sie dreidimensionale lebende Tattoos aus genetisch programmierten Zellen drucken können. Diese können als Sensoren für körpereigene Prozesse, aber auch für Umwelteinflüsse dienen, damit wir stets unmittelbar auf sich ergebende Gefahren reagieren können. Auch stellt diese Entwicklung den ersten Schritt hin zu lebenden Computern dar, mit deren Hilfe die große Anzahl der vorangegangenen Vorzüge des geupgradeten Menschen genutzt werden können. Wir entwickeln autonome Autos, Smart Cities und das Internet der Dinge. Damit wir als Menschen auf effiziente Weise mit dieser technisch verbesserten Umwelt interagieren können, müssen auch wir uns upgraden. Unabhängig davon, welche technische Innovation einen tatsächlichen Fortschritt darin erzielen wird, die Krankheit des Alterns zu bekämpfen, ist stets zu berücksichtigen: Viele Menschen identifizieren eine längere Gesundheitsspanne mit einer besseren Lebensqualität, was der entscheidende Grund dafür ist, diese Agenda auch politisch stärker zu verfolgen. Was sollte eigentlich dagegensprechen? Gibt es irgendeinen Grund, der gegen die Realisierung einer längeren Gesundheitsspanne spricht? Warum sollte sich irgendjemand dagegen aussprechen?

Herausforderung Überbevölkerung?

Auch wenn zahlreiche Menschen eine Steigerung der Gesundheitsspanne für erstrebenswert erachten, so gehen doch erhebliche Herausforderungen dieser Zielsetzung einher. Die wichtigste diesbezügliche Fragestellung ist sicherlich die der Überbevölkerung. Insbesondere hinsichtlich der beschränkten Ressourcen und des Lebensraums könnte die Überbevölkerung in der Tat eine wichtige Herausforderung darstellen. Hier stellt sich jedoch die Frage, ob es moralisch legitim ist, das individuelle Wohlbefinden allgemeingesellschaftlichen Überlegungen zu opfern. Ist eine solche utilitaristische Vorgehensweise nicht moralisch verwerflich? Ist es moralisch legitim, das individuelle Glück dem allgemeinen Wohlbefinden wegen zu opfern? «Du bist nichts, dein Volk ist alles!» Solche Überlegungen sind enorm gefährlich. Sie führen zu absurden utilitaristischen Überlegungen, die die moralische Verpflichtung implizieren können, die Organe eines Menschen auszuschlachten, um mit ihnen das Leben anderer Menschen zu retten. Wir sollten diesbezüglich in Deutschland aus unserer Geschichte gelernt haben. Das Individuum darf nicht für das Kollektiv geopfert werden. Einem Individuum zu kommunizieren, dass es aus Sorge vor der Überbevölkerung besser nicht so lange leben sollte, kann vielleicht in einem totalitären System plausibel vertreten werden, in einem liberalen Staat, in dem der Schutz der Rechte aller Personen primär sein sollte, ist eine solche Vorgehensweise moralisch nicht zu verteidigen. Alleine schon aus diesem Grund ist die Sorge vor der Überbevölkerung kein zentrales Argument, das gegen das Gut der verlängerten Gesundheitsspanne spricht.

Auch zahlreiche andere Ansätze, die Herausforderung der Überbevölkerung anzugehen, untergraben die Errungenschaften einer liberalen Gesellschaftsordnung. Chinas (bereits wieder aufgehobene) Ein-Kind-Politik stellt ein weiteres Beispiel für moralisch problematische Gesetzgebungen dar. Eine biotechnologische Lösung des Überbevölkerungsproblems wurde in der populären Gegenwartsliteratur thematisiert: Es handelt sich um die Variante der Keimbahnveränderung, die durch einen «verrückten Wissenschaftler» entwickelt wurde und sich mittels eines Virus weltweit ausbreiten soll, sodass stets ein Drittel der Menschheit unfruchtbar ist, um auf diese Weise die Anzahl der Weltbewohner konstant bei unter zehn Milliarden zu halten. Der Protagonist aus Dan Browns Roman *Inferno*, Dr. Bertrand Zobrist, ist auf diese Weise vorgegangen – auch seine Intention war es, die Herausforderung der Überbevölkerung zu bekämpfen.

Alle solche Ansätze untergraben die wunderbare Errungenschaft der Freiheit und sollten nicht weiterverfolgt werden. Die gesellschaftliche Bedeutung der Norm der Freiheit ist meiner Ansicht nach kaum zu überschätzen. Das Primat der Freiheit sollte keiner anderen Norm geopfert werden. Dies bedeutet ebenso, dass die Freiheit durch die Normen der Gleichheit und Solidarität ausbalanciert werden muss, wenn die Gefahr besteht, dass die Freiheit sich selbst abzuschaffen droht. Dieser Gedanke spricht auch klar gegen den Libertarismus, eine extreme Form des Liberalismus, bei der die Norm der negativen Freiheit stets die entscheidende Rolle spielt. Das Primat der Freiheit als politische Norm abzuschaffen, bedeutet hingegen, gefährliche paternalistische Strukturen zu etablieren. Aus diesem Grund erachte ich das Bemühen um eine nicht-liberale, neue Gesellschaftsordnung, von der zahlreiche Elfenbeinturmdenker so gerne träumen, für die Keimzelle eines neuen Totalitarismus. Die Errungenschaft der Freiheit ist etwas ganz Wunderbares.

Außerdem besteht keine Notwendigkeit, moralisch problematische Wege hinsichtlich der Vermeidung der Überbevölkerung zu beschreiten. Zumindest ist dies gegenwärtig nicht der Fall. Soziologisch kann etwa festgestellt werden, dass mit einem Anstieg der Lebenserwartung stets die Geburtenrate zurückgeht. Auch die Option, neue Lebensorte im Wasser oder im Weltraum zu schaffen, könnte mittelfristig realisiert werden. Unter dem Stichwort «Seasteading» lassen sich faszinierende diesbezügliche Projekte finden. Gegenwärtig ist ohnehin noch viel Potential für Lebensraum gegeben, was anhand einer Übersicht zur weltweiten Bevölkerungsdichte deutlich wird. Weiterhin stehen täglich jedem Erdenbewohner rein rechnerisch 5300 Kilokalorien zur Verfügung, was mehr als genug zum guten Überleben ist. Es besteht hier vielmehr ein Problem der Verteilung. Dies ist eine politische Herausforderung. In reichen Ländern sind 8000 Kilokalorien pro Tag vorhanden, in den ärmsten hingegen nur 1000 Kilokalorien pro Tag. Ebenso wird intensiv daran gearbeitet, dass neue Formen der Lebensmittelherstellung etabliert werden. Vielversprechend erscheint mir etwa, Fleisch mittels Stammzellen in Nährlösungen herzustellen (In-Vitro-Fleisch), was bereits technisch möglich ist, bislang nur noch nicht im industriellen Maßstab realisiert wurde.

Um die Herausforderung der Überbevölkerung auch mittelfristig in den Griff zu bekommen, darf der technische und wissenschaftliche Fortschritt nicht gestoppt werden. Eine wichtige Erkenntnis ist: Bildung senkt die Geburtenrate und erhöht den Wohlstand. Ein höherer Wohlstand fördert weiterhin den Rückgang der Geburtenrate. Es mag hinreichend sein, sich darum zu bemühen, den weltweiten Lebensstandard, insbesondere hinsichtlich Bildung und Erziehung, zu erhöhen, um die Herausforderung der Überbevölkerung zu meistern. Biotechnologische Ansätze könnten uns ermöglichen, die Intelligenz und die kognitiven Fähigkeiten zu fördern, was gleichfalls im Interesse der Bevölkerungsentwicklung sein sollte, da eine allgemeine Stärkung dieser Eigenschaften und Fähigkeiten wahrscheinlich zu einem Rückgang der Geburtenrate führen dürfte. Modafinil, Ritalin und andere Neuroenhancer, also psychoaktive Substanzen, die die geistige Leistungsfähigkeit steigern, könnten somit nicht nur US-amerikanischen Studenten helfen, ihre Prüfungen zu bestehen, sondern möglicherweise auch die weltweite Förderung des Bildungs- und Intelligenzniveaus erhöhen.

Dies bedeutet nicht, dass biotechnologische Innovationen im Bereich der Förderung der Intelligenz politisch verpflichtend werden sollten. Vielmehr erscheint mir eine Vorgehensweise analog zu der der Impfung in der Bundesrepublik Deutschland durchaus eine angemessene zu sein. Dort gibt es seit den 1980er Jahren keine allgemeine Impfpflicht mehr. Trotzdem besteht für alle Krankenversicherten die Möglichkeit eines kostenfreien Impfschutzes vor besonders weitverbreiteten Krankheiten. Nur spezielle Impfungen müssen privat getragen werden. Für eine effiziente allgemeine Gesundheitsvorsorge, die im Interesse der sozialen Gerechtigkeit ist, kann auf diese Weise gesorgt werden. Auch andere Verbesserungstechniken sollten, wenn sie sich als vorteilhaft, verlässlich und präzise erweisen, von der allgemeinen Krankenkasse getragen werden. Die zuvor dargelegte Überlegung zur Aufweichung der Unterscheidung zwischen Verbesserung und Therapie unterstreicht die Richtigkeit einer solchen Vorgehensweise.

Weiterhin ist zu beachten, dass besonders nützliche Techniken in der Regel schnell günstiger werden. Ein gutes Beispiel ist hier das Mobiltelefon, das anfangs nur einigen Vorstandsvorsitzenden großer Unternehmen zur Verfügung stand, mittlerweile weltweit eine enorme Verbreitung gefunden hat. Eine analoge Entwicklung ist hinsichtlich jeder Technik zu erwarten, die verlässlich ist und von vielen Menschen nachgefragt wird. Wenn kognitive Enhancement-Technologien auf effiziente

Weise den weltweiten Bildungsstandard fördern könnten, dann würden die Herstellungskosten für diese Pharmaka noch weiter sinken. Zusätzlich zu den kurz- und mittelfristigen Ansätzen hinsichtlich der Frage nach der Überbevölkerung ist es wichtig, für neue Ansätze offen zu sein, auch wenn diese zunächst seltsam klingen mögen. Einige holländische Wissenschaftler haben Zebrafische genetisch so verändert, dass sie mittels Photosynthese einen Teil ihrer Nahrungszufuhr ersetzen können – und sich dabei grünlich verfärben. Wäre diese Variante etwa auch für uns Menschen eine Option? Werden die Menschen der Zukunft eine grüne Hautfarbe besitzen? Wenn es uns in der noch viel entfernteren Zukunft gelänge, auf dem Mars heimisch zu werden, so könnten die kleinen grünen Wesen vom Mars, von denen in der UFO-Literatur gesprochen wird, tatsächlich unsere Nachfahren sein.

Vor 200 Jahren wären Forscher, die ernsthaft davon gesprochen hätten, dass Menschen den Mond betreten können, weithin für verrückt erklärt worden. Aus diesem Grund plädiere ich dafür, auch unkonventionelle Ansätze hinsichtlich der Frage nach dem moralisch angemessenen Umgang mit dem Altern zu beachten. Es könnte der Fall sein, dass sich diese Zukunftsvisionen schneller realisieren lassen werden, als wir dies gegenwärtig wahrhaben mögen.

Ein Pionier der Luftfahrt, Wilbur Wright, hat noch 1901 Folgendes gesagt: «Der Mensch wird es in den nächsten 50 Jahren nicht schaffen, sich mit einem Metallflugzeug in die Luft zu erheben.» Ein Vater des Radios, Lee De Forest, war sich noch 1926 sicher: «Auf das Fernsehen sollten wir keine Träume vergeuden, weil es sich einfach nicht finanzieren lässt.» Ein führender Computerexperte, Ken Olson, Präsident von Digital Equipment Corp., ist 1977 davon ausgegangen: «Es gibt keinen Grund dafür, dass jemand einen Computer zu Hause haben wollte.» Diese Äußerungen sollten uns zu denken geben und unsere Bereitschaft erhöhen, auch an radikalen technischen Optionen zu forschen, um die Krankheit des Alterns zu bekämpfen. Dies bedeutet nicht, dass die Gesundheit ein Allzweckgut ist, sondern nur, dass sie ein weithin geteiltes Gut ist. Diese Unterscheidung ist von zentraler Bedeutung. Auch wenn einige Fähigkeiten von vielen Menschen mit einem guten Leben identifiziert werden, so bedeutet dies nicht, dass es sich bei ihnen um Allzweckgüter handelt. Bei einer genauen Analyse stellt sich vielmehr heraus, dass keine Eigenschaft von allen Menschen mit einem florierenden Leben identifiziert wird, weshalb ich mich für die radikale Pluralität der menschlichen Perfektion ausspreche. Auch diese Einschätzung bedarf noch einer weiteren Klärung.

Zwischen Renaissance-Genie und der radikalen Pluralität der menschlichen Perfektion

In einer Welt der beständigen und allumfassenden Veränderung fehlt die Möglichkeit der Übereinstimmung von Aussagen mit platonischen Ideen und damit auch des einen umfassenden Verständnisses des Guten. Diese Einsicht ist katholischen Denkern vielleicht bewusster als vielen säkularen. Dies wird insbesondere in der schwierigsten Frage philosophischen Denkens deutlich, der Frage nach dem guten Leben. Ist eine inhaltliche Bestimmung des Guten möglich? Nicht umsonst ist die höchste Idee bei Platon die Idee des Guten. Ohne immaterielle Seele wird aber auch die eine unveränderliche Idee des Guten zu einem höchst problematischen Konzept, da die Schau der ewigen Wahrheiten eine solche Seele voraussetzt. In einer sich ständig in jedem Bezug verändernden Welt hat eine unveränderliche Wahrheit im Sinne der Korrespondenztheorie keinen Platz. Diese Einsicht darf insbesondere in transhumanistischen Überlegungen nicht unberücksichtigt bleiben.

Trotzdem ist es so, dass in der öffentlichen und medial verbreiteten Wahrnehmung Superman auf Viagra, das technisch perfektionierte Renaissance-Genie 2.0 oder auch eine digitale, persönliche Superintelligenz mit dem transhumanistischen Ideal identifiziert werden, weshalb der Transhumanismus von vielen auch als technisch verstärkter Humanismus oder Hyper-Humanismus angesehen wird. Dieses Bild ist unzutreffend. Es handelt sich hierbei vielmehr um einen Slogan aus einer Werbebroschüre der Biokonservativen, um Angst vor den neuesten Techniken zu schüren. Bestenfalls kann zu dieser Einschätzung gesagt werden, die von zahlreichen Pseudo-Intellektuellen gerne verbreitet wird, dass sie transhumanistische Reflexionen stark verkürzt und einseitig darstellt. Die Pluralität innerhalb des Transhumanismus ist enorm. Gegen die zuvor genannten Pappkameraden lässt sich jedoch leicht argumentieren, weshalb sie bereits bei dem leichtesten Lufthauch umfallen. Ein weiterer Grund für die mediale Dominanz dieser Bilder des transhumanistischen Ideals des Guten ist ihre visuelle Attraktivität. Karikaturen sind unterhaltsam.

Interessanterweise wurden ähnliche Vorstellungen gerne im Zusammenhang mit Nietzsches Übermenschen in die Diskussion gebracht, wobei die Frage der technischen Realisierung des jeweiligen Ideals zumeist keine zentrale Rolle spielte. In der Tat gibt es sowohl in transhumanistischen Überlegungen als auch in Nietzsches Texten Ansätze, die eine solche Lesart des Posthumanen und des Übermenschen nahelegen. Warum dies so ist, ist eine spannende Frage! Ist es eine geheime Sehnsucht nach solchen Idealen? Ist es der tatsächliche Wunsch vieler, eine solche Perfektion zu realisieren? Sind es die verkrusteten Überreste des abendländischen Denkens? Vielleicht helfen uns solche einfachen Antworten aber auch nur dabei, die Komplexität des Lebens besser zu bewältigen. Wollen wir alle herausragende kognitive Fähigkeiten, Superintelligenz, eine Giga-Erinnerungsfähigkeit, eine Nano-Empfindungsfähigkeit, eine harmonische körperliche Schönheit, herkulesähnliche Stärke, eine robuste Gesundheit und eine weite Gesundheitsspanne haben? Sind dies die Eigenschaften, die bei uns allen die Wahrscheinlichkeit eines guten Lebens erhöhen? Diese Eigenschaften werden häufig mit dem technisch optimierten Renaissance-Genie identifiziert, und es gibt in der Tat Transhumanisten, die von diesem Ideal ausgehen. Auch handelt es sich hierbei durchaus um einflussreiche Denker. Es lassen sich im Übrigen auch in Nietzsches Texten Überlegungen finden, die es nahelegen, dass die hier genannten

Eigenschaften den Übermenschen zukommen, wobei bei Nietzsche jedoch die hohe Gesundheitsspanne durch die kreative Interpretationsfähigkeit ersetzt werden würde.[6]

Das sichere, lange und den kleinen Freuden gewidmete Leben ist bei Nietzsche das des von ihm verabscheuten «letzten Menschen» aus *Also sprach Zarathustra*. Auch diese Vorstellung des Guten lässt sich in Texten von Transhumanisten durchaus finden. Dass diese Vorstellungen des Guten jedoch einzig und allein den Transhumanismus repräsentieren, ist unzutreffend. Eine Wahrheit, ein Gott und eine Idee des Guten. Die Vorstellung der einen richtigen Antwort ist ein Relikt des auf die jenseitige Unveränderlichkeit ausgerichteten Denkens. In einer naturalistischen, sich ständig verändernden Welt sind solche Vereinfachungen nicht mehr plausibel.

Auch in nicht ganz so extremen Konzepten wie dem des Renaissance-Genies 2.0 finden sich häufig klare Vorstellungen eines guten Lebens, von denen angenommen wird, dass diese die Lebensqualität aller Menschen fördern, was schließlich das grundlegende Anliegen von Transhumanisten ist. Mit Hilfe sowohl von traditionellen Methoden als auch von neuen Techniken soll die Wahrscheinlichkeit des Einzelnen gefördert werden, ein gutes Leben zu führen. Dies ist in der Regel auch das zentrale Anliegen der Perfektion gewesen. Wir wollen perfekt sein, weil hiermit die bestmögliche Lebenserfüllung realisiert werden kann. Worin besteht jedoch die menschliche Vollendung? Können Menschen mit Behinderung und einer geistigen Erkrankung perfekt sein? Benötige ich für das gute Leben eine widerstandsfähige Gesundheit, eine hohe Intelligenz und starke Konzentrations-, Erinnerungs- und Empathie-Fähigkeiten? Auch diese Vorstellung des Guten wird in der Tat im transhumanistischen Kontext mit dem guten Leben identifiziert: Nicht behindert und geistig erkrankt zu sein, sondern gleichzeitig gesund, intelligent und mit einer starken Konzentrations-, Erinnerungs- und Empathie-Fähigkeit ausgestattet zu sein, fördert das gute Leben bei jedem Menschen.

Ich muss zugeben, dass die genannten Eigenschaften in der Tat von vielen Menschen mit einem guten Leben identifiziert werden. Psychologische Studien bestätigen diese Einschätzung. Wenn große Teile der Bevölkerung diese Eigenschaften wertschätzen, dann stellt dies durchaus einen Grund dar, die genannten Merkmale auf angemessene Weise auch rechtlich, sozial und politisch zu berücksichtigen. Dieser Umstand bedeutet jedoch nicht, dass davon auszugehen ist, dass diese Eigenschaften das eine universal gültige Ideal der menschlichen Perfektion repräsentieren müssen. Eine Mehrheitsentscheidung bedeutet nicht die Gültigkeit einer bestimmten Vorstellung. Wir sollten nicht vergessen, dass Hitler von der Mehrheit der Wähler gewählt wurde. Mit Mehrheitsentscheidungen müssen keine gültigen Einsichten verbunden sein. Die Frage ist jedoch, mit welcher Vorstellung des Guten ich an moralische Fragen zu den neuesten Techniken herangehen sollte. Im bisherigen Text habe ich mich hierzu noch kaum geäußert. In den Zukunftsvisionen der anfänglichen Abschnitte dieser Schrift finden sich ausgewählte Überlegungen zu zukünftigen Entwicklungen, die besonders wahrscheinlich sind. Sie beruhen auf der Extrapolation der gegenwärtig bereits vorhandenen technischen Möglichkeiten. Auf der Basis welcher Vorstellung eines gelungenen Lebens jedoch die große Anzahl der rechtlichen, politischen und moralischen Herausforderungen bezüglich der neuen Technologien geregelt werden sollte, habe ich noch nicht ausführlich behandelt. Bislang ging es mir in diesem Abschnitt primär darum, darauf hinzuweisen, dass vorsichtig mit den medial besonders weitverbreiteten transhumanistischen Perfektionskonzepten umzugehen ist, dass die in diesem Kontext vertretenen Positionen wesentlich vielfältiger sind, als dies in den Medien dargestellt wird, und dass diese Frage so komplex ist, dass bei ihr sorgfältig und multiperspektivisch vorgegangen werden muss, um zu treffenden Reflexionen zu gelangen.

Auch in Nietzsches Reflexionen zum Übermenschen finden sich zwei gegensätzliche Beschreibungen. Einerseits gibt es Überlegungen, die den Übermenschen in den Kontext des klassisch und harmonisch ausgeformten Renaissance-Genies rücken. Andererseits betont Nietzsche die ganz einzigartige Besonderheit der vielfältigen Triebe eines jeden Einzelnen, sodass sich diese Pluralität notwendigerweise auch auf die Frage nach dem Guten niederschlagen muss, was bedeutet, dass es absurd wäre, den Versuch einer nicht-formalen Bestimmung des guten Lebens zu unternehmen. Vielleicht lässt sich auf einer allgemeinen und formalen Ebene etwas über das gute Leben aussagen. Die Hoffnung darauf, materielle und konkrete inhaltliche Aussagen über die menschliche Perfektion machen zu können, die für alle gültig sind, müssten auf der Grundlage der zuletzt genannten Anthropologie jedoch begraben werden.

Ich teile die zweite Einschätzung des Menschen. Wenn wir uns ganz konkrete lebensweltliche Beispiele ansehen, dann wird deutlich, dass jeder Versuch einer inhaltlichen Beschreibung dessen, worin das gute Leben für uns alle besteht, unplausibel sein muss. Wir sind zu unterschiedlich, als dass dies möglich sein könnte. Diese Vielfalt ist für viele schwierig zu akzeptieren. Sie gehen davon aus, dass so, wie sie selbst empfinden, auch alle anderen empfinden müssen. Hierin liegt der entscheidende Fehlschluss. Jeder von uns besteht aus ganz speziellen Affekten, Begierden, Wünschen, Trieben und Fantasien. Nur durch ihre Realisierung kann es uns gelingen, ein erfülltes und in der Gänze gelungenes Leben zu führen. Dies bedeutet nicht, dass es einfach sein muss, zu erkennen, was wir selbst wollen. Was wir scheinbar wünschen und erstreben, muss nicht mit unseren eigentlichen Anliegen übereinstimmen. Es kann durchaus der Fall sein, dass ein kulturelles Umfeld so stark war, dass es Strukturen in unserem Denken geschaffen hat, die es für uns schwierig machen, Zugang zu unseren eigentlichen Affekten zu haben, ohne wiederum davon auszugehen, dass unsere eigentlichen Affekte unveränderlich sein müssen. Die eigentlichen Affekte sind nur fester verhaftet. Kulturelle Prägungen mögen uns aber auch diese nicht immer erkennen lassen. Wir denken zwar, x zu wollen, aber eigentlich handelt es sich bei diesem Wunsch um das Relikt einer kulturellen Prägung. Diese beiden Ebenen zu unterscheiden, ist in der Tat nicht immer einfach. Was zieht mich auf erotische Weise an? Ist es ein Verhalten, eine Denkweise, ein Geruch oder nur ein spezielles Geschlechtsorgan? Wer will ich eigentlich sein? Zu sagen, dass ich meine eigene biologische Geschlechtlichkeit ablegen möchte, um meine Sexualorgane anders zu gestalten, ist kein einfaches Anliegen in einem Umfeld, in dem ein bestimmtes Ideal eines Familienzusammenhaltes vorherrschend ist und bereits seit längerer Zeit vorherrschend war. Aus diesem Grund ist es auch für viele von uns schwierig zu akzeptieren, dass genau dies das zentrale Anliegen eines Menschen sein kann. Es ist nicht der Fall, dass ein verstecktes Anliegen dahinterstehen muss, wenn Menschen darum bemüht sind, einen männlichen Jugendlichen davor zu bewahren, anatomisch zu einer Frau zu werden. Ihr Bemühen mag in der liebenden Sorge um diese Person bestehen. Eine gute Intention führt jedoch nicht notwendigerweise zu einer hilfreichen Handlung. Die Pluralität menschlicher Wünsche, Zielvorstellungen und Begierden zu realisieren und zu akzeptieren, ist schwierig. Wenn man sich für einen nicht-dominanten Lebensstil entscheiden möchte, dann stellt dies stets eine enorme Herausforderung dar. Hierbei muss man sich gegen die Kultur entscheiden, in der man aufgewachsen ist und in der bestimmte Ideale menschlicher Perfektion vorherrschend sind.

Daraus folgt keineswegs, dass jedwede menschliche Handlung unsanktioniert zu akzeptieren ist. Wenn ein guter Freund

Selbstmord begehen will, dann kann dies in seinem Interesse sein. Dies ist jedoch nicht notwendigerweise der Fall. Der Tod einer nahestehenden Person oder übermäßiger Drogenkonsum könnte momentan zu einem solchen Wunsch führen. Häufig ist es dann aber mittelfristig nicht im Interesse der betroffenen Person, erfolgreich Selbstmord begangen zu haben. Dies soll nicht bedeuten, dass Selbstmord nicht durchaus die bestmögliche Entscheidung für eine Person sein kann. Die betroffenen Personen hierbei nicht zu unterstützen oder sogar sie davon abzuhalten, wäre dann sicherlich keine freundschaftliche Handlung. Es kommt auf das kluge Abwägen an, um zu einer treffenden Entscheidung im Einzelfall zu gelangen.

Übrigens impliziert die hier geschilderte radikale Pluralität des Guten auch nicht, dass alle menschlichen Handlungen, die die Lebensqualität eines Handelnden fördern, unsanktioniert bleiben sollen. Eine solche Forderung wäre naiv. Dies lässt sich anhand von einfachen Beispielen verdeutlichen. Wenn das gute Leben mit der Freisetzung der besonderen Antriebe von jeder einzelnen Person einhergeht, wovon ich ausgehe, dann bedeutet dies auch, dass es manche Menschen für das eigene Wohlergehen benötigen, andere Menschen zu misshandeln, zu quälen, zu beleidigen, zu erniedrigen, zu vergewaltigen oder gar zu töten. Dies bedeutet jedoch nicht, dass solches Handeln damit moralisch, kulturell oder politisch gerechtfertigt ist und nicht sanktioniert werden sollte. Dies wäre eine absurde Forderung. Wer eine Unschuldige tötet, muss politisch sanktioniert werden, da der Handelnde hier das Lebensrecht der anderen Person verletzt. Die Freiheitsrechte zu schützen, ist Aufgabe eines liberalen politischen Systems. Das Menschenbild der radikalen Pluralität des Guten bedeutet jedoch, dass es für einzelne Menschen unmöglich sein kann, im Rahmen einer liberal-demokratischen politischen Ordnung ein gutes Leben führen zu können. Dies ist auch gut so, da so Gewalt gegen Personen verhindert wird.

Die entscheidende Frage wiederum ist, wo auf rechtlicher Ebene die Grenzen zu setzen sind, um das Florieren der Bevölkerung auf bestmögliche Weise zu fördern. Es wäre jedoch falsch, hier eine klare Antwort auf diese Frage zu erwarten. Jede staatliche Ordnung muss selbstredend vor dem Hintergrund des je eigenen kulturellen Kontextes um eine passende Ordnung ringen. Bei diesen Überlegungen geht es mir darum, die radikale Pluralität dessen herauszustellen, was Menschen tatsächlich wollen. Wenn eine junge Frau sexuelle Erfahrungen mit einer 30 Jahre älteren Frau in einem Swinger Club machen will, dann muss dies nicht bedeuten, dass die junge Frau hier von der älteren Person ausgenutzt wird. Ein Individuum muss nicht vor allen möglicherweise problematischen Situationen geschützt werden. Die Freiheit ist eine zu wichtige Errungenschaft, als dass sie einfach aufzugeben ist. Vielmehr muss es darum gehen, die Grenzen festzulegen, in denen unser Handeln angemessen ist. Dies ist die eigentliche und in der Tat auch eine die enorm schwierige Herausforderung. Erst wenn diese Grenzen überschritten sind, dann müssen wir von moralischen, institutionellen oder rechtlichen Sanktionen reden. Diese sollten jedoch nicht zu früh in Kraft treten. Es gibt taube Menschen, die erachten ihre Taubheit nicht als eine Behinderung, sondern nur für eine Andersheit. Sie würden den gesellschaftlichen Druck, ein Cochlea-Implantat zu erhalten, für eine Zerstörung ihrer körperlichen Integrität erachten. Nur weil viele Menschen nicht nachvollziehen können, dass die Taubheit von einem Betroffenen als eine Andersheit, als eine Gabe oder auch als eine Besonderheit angesehen wird, bedeutet dies nicht, dass es für einen Betroffenen nicht genauso sein könnte.

Ein besonderer Fall ist auch der einer Person, die ihr eigenes gesundes Bein als nicht zu sich gehörig empfindet und es amputieren lassen möchte. Auch dies kann einen authentischen Wunsch darstellen. Es liegt an unseren eigenen gedanklichen

Begrenzungen, uns dies nicht vorstellen zu können. Andere Menschen können ganz andere Vorstellungen von dem haben, was ein gelungenes Leben ausmacht, als man selbst. Dem Anderen gegenüberzutreten und zu behaupten, dass man selbst viel besser als er selbst weiß, was in seinem Interesse ist, ist arrogant, anmaßend und in der Regel auch schlicht und einfach unzutreffend. Wir sind hierzu zumeist nicht in der Lage. Wir kennen die Wünsche des Anderen zumeist nicht. Wir sind nicht in seinem Körper groß geworden. Wir hatten nicht die gleichen Erfahrungen und Erlebnisse wie diese Person. Uns zurückzunehmen und anzuerkennen, dass der Andere ganz anders denken mag als man selbst, ist in der Regel die angemessene Reaktion.

Noch schwieriger wird die Lage jedoch, wenn zu analysieren ist, wie sich diese Überlegungen auf das besondere Verhältnis zwischen Eltern und ihrem Nachwuchs auswirken sollten. Dass der Staat uns nicht vorzuschreiben hat, wie wir zu leben haben, hat sich glücklicherweise in unserem kulturellen Kontext weitestgehend durchgesetzt. Hinsichtlich dieses besonderen menschlichen Verhältnisses jedoch, besteht nicht nur das Recht der Eltern, Einfluss auf den Nachwuchs zu nehmen, sondern sogar die Pflicht, dies auf eine bestimmte Weise zu tun. Eltern, die ihrem Kind nicht das Sprechen, Lesen und Schreiben lehren würden, würden den elterlichen Pflichten nicht nachkommen und müssten rechtlich sanktioniert werden. Auch bei Eltern, die ihre Kinder auf irreversible Weise körperlich schädigen, müsste dies der Fall sein. Was bedeutet dies jedoch? Ist es Kindesmisshandlung, wenn Eltern ihrem Mädchen im Alter von 3 Jahren Ohrlöcher stechen lassen, wenn Eltern ihren Jungs im Alter von 9 Jahren eine geschlechtsangleichende Operation erlauben oder wenn Eltern ihren Söhnen aus religiösen Gründen die Vorhaut entfernen lassen? In allen Fällen handelt es sich um keine medizinisch notwendige Intervention in die körperliche Integrität des eigenen Nachwuchses. Im ersten Fall mag die Intention die Förderung der kindlichen Schönheit sein. Im zweiten Fall mag der Eingriff sogar als Therapie gedeutet werden. Im dritten Fall könnte der Eingriff als religiöse Erziehung verstanden werden. Woran sollten die Grenzen der für Eltern zu verantwortenden Eingriffe bemessen werden?

In manchen Ländern sind Impfungen rechtlich verpflichtend. In anderen Ländern hängt es von den Eltern ab, ob sie vorgenommen werden. Hierbei handelt es sich nicht um einen therapeutischen Eingriff, sondern um einen verbessernden. Mittels des Eingriffs soll eine Eigenschaft, nämlich die Immunität hinsichtlich einer Krankheit, gefördert werden. Die menschliche Verbesserung ist auch das Anliegen des Unterrichts von Sprachen, Sport, Musik oder Mathematik. Der Nachwuchs soll verbessert werden, um die Wahrscheinlichkeit zu erhöhen, ein gutes Leben zu führen? Wenn ein verlässlicher genetischer Eingriff möglich wäre, der die Lebenserwartung des Nachwuchses um 30 Jahre steigert, wäre dann nicht auch dieser rechtlich zu vertreten? Aber sicher! Genau hierin besteht die elterliche Aufgabe: Die Wahrscheinlichkeit des guten Lebens beim Nachwuchs zu fördern. Wäre der Eingriff dann nicht vielleicht sogar moralisch geboten? Hierbei handelt es sich um eine wesentlich stärkere Forderung. In der Tat gibt es gute Gründe, die auch in diesem Fall für ein moralisches Gebot sprechen, da es sich bei der Förderung der Gesundheitsspanne um eine Eigenschaft handelt, die bei vielen Menschen ein gutes Leben fördert. Klar ist auch, dass es sich bei der Verlängerung der Gesundheitsspanne um keine Zielsetzung handelt, die von allen Menschen bejaht wird. Klarer wird das Anliegen, wenn es um die Frage geht, wie ein genetischer Eingriff zur Förderung der Intelligenz durch die Eltern zu bewerten ist. Es gibt in der Tat gute Gründe dafür, dass eine höhere Intelligenz nicht notwendigerweise zu einer besseren Lebensqualität führt. Bedeutet dies jedoch auch, dass es sich hierbei um kein moralisches elterliches Gebot handelt, Kinder auf diese Weise zu fördern?

Meiner Ansicht nach ist Folgendes zu beachten: Die Errungenschaft der Freiheit ist zu bedeutend, als dass sie in einer so problematischen Frage durch ein moralisches Gebot ersetzt werden sollte. Dass Eltern dazu berechtigt sein sollen, einen genetischen Eingriff zur Förderung der Intelligenz an ihren Kindern vornehmen zu lassen, wenn es sich um einen verlässlichen Eingriff handeln sollte, steht meiner Ansicht nach aber außer Frage. Eltern hingegen dafür moralisch, politisch oder rechtlich zu sanktionieren, wenn sie diesen Eingriff nicht vornehmen lassen, erscheint mir problematisch, da ein solches Vorgehen unberücksichtigt lässt, dass das gute Leben viele unterschiedliche Ausprägungen annehmen kann. Einfacher als zu bestimmen, welche Entscheidungen Eltern treffen sollten, ist es festzulegen, welche Handlungen Kindesmissbrauch darstellen. Solange es sich bei der elterlichen Erziehung nicht um Kindesmissbrauch handelt, sollten Eltern das Recht haben, die unterstützende elterliche Rolle wahrzunehmen. Eine solche Vorgehensweise kann in der Tat einen weitreichenden Entscheidungsspielraum mit sich bringen.

Es gibt ein bekanntes lesbisches US-amerikanisches Professorinnenpaar, das an einer Gehörlosen-Universität unterrichtet und das die eigene Taubheit als Andersheit und nicht als Behinderung ansieht. Sie wünschen sich, mittels eines befreundeten tauben Samenspenders die Wahrscheinlichkeit zu erhöhen, ein taubes Kind zu bekommen. Wie ist dieser Wunsch moralisch zu bewerten? Handelt es sich um Kindesmissbrauch? Ist es ein legitimes Anliegen? Wie sollte rechtlich und auch moralisch mit diesem Wunsch umgegangen werden? Eine weitverbreitete erste Reaktion auf diesen Fall ist das Entsetzen. Wie können Eltern dies nur ihrem Kind antun wollen? In der Tat war dies auch meine anfängliche Reaktion. Dann reflektierte ich jedoch genauer über die vorzunehmenden Prozesse und realisierte, dass es falsch wäre, hier von einem Kindesmissbrauch zu sprechen. Es handelt sich bei dieser Vorgehensweise vielmehr durchaus um einen moralisch legitimen Vorgang. Das Paar und auch viele andere der Gehörlosen-Gemeinschaft betrachten ihre Taubheit als eine Andersheit und nicht als eine Behinderung. Außerdem wird dem betroffenen Kind nichts weggenommen. Bei einem tauben Samenspender kommt (wahrscheinlich) ein taubes Kind mit der genetischen Ausstattung x zur Welt. Bei einem hörenden Samenspender ein hörendes Kind mit der genetischen Ausstattung y. Die genetischen Ausstattungen x und y sind radikal verschieden. Es würde sich um sehr unterschiedliche Kinder handeln. Das betroffene Kind könnte daher auch nicht sinnvollerweise sagen: Warum habt ihr mich nicht hörend geboren? Die zumindest philosophisch treffende Antwort wäre hier: Dann wärst *du* nicht auf der Welt, sondern ein anderes Kind mit einer ganz anderen genetischen Ausstattung. Aus diesem Grund ist es auch unzutreffend, davon zu sprechen, dass dem Kind geschadet wurde. Hiervon könnte man nur ausgehen, wenn die Nichtexistenz von Gehörlosen besser wäre als ein Leben als tauber Mensch. Diese Einschätzung ist jedoch nicht plausibel.

Die unterschiedlichen in diesem Abschnitt thematisierten Beispiele verdeutlichen wichtige Facetten der Bejahung der radikalen Pluralität des Guten. Zahlreiche weitere Überlegungen wären selbstverständlich notwendig, um ein noch deutlicheres Verständnis dieses Gedankens zu gewinnen. An dieser Stelle ging es mir zunächst einmal darum, die Brisanz, aber auch die zugrundeliegende Logik dieses Gedankens zu vermitteln. An ihm wird deutlich, dass dieser transhumanistische Ansatz nichts mit der naiven Vorstellung des Übermenschen als Renaissance-Genie zu tun hat.

Dass es sich bei dieser Position tatsächlich um eine transhumanistische Überlegung handelt, kann noch durch einen weiterführenden Gedanken unterstrichen werden. Es ist nämlich nicht nur der Aspekt des individuellen Wohlergehens der mittels dieses Ansatzes gefördert werden soll, sondern auch die Wahrscheinlichkeit der Auslöschung menschlichen Lebens kann auf der Basis dieses Gedankens minimiert werden. Menschliches Überleben hängt davon ab, wie gut wir an unsere Umwelt angepasst sind. Dies ist ein evolutionäres Grundprinzip. Es geht um das *survival of the fittest*. Diese Einschätzung bedeutet jedoch nicht, dass der Stärkste, Intelligenteste oder Schönste überlebt. Vielmehr ist man *the fittest*, wenn man derjenige ist, der am besten an die gegenwärtig vorherrschenden Umweltbedingungen angepasst ist. Welche Eigenschaften hierfür jedoch in der Zukunft notwendig sein werden, können wir in der Gegenwart noch nicht wissen. Genauso wie Menschen sich verändern, so unterliegt auch unsere Umwelt einem beständigen Wandel. Es mag sein, dass die Fähigkeit des Hörens uns gegenwärtig beim Überleben von besonderer Bedeutung ist. Sicherlich war dies vor 3000 Jahren sogar noch stärker als gegenwärtig der Fall. Die technischen Entwicklungen haben uns jedoch bereits wesentlich unabhängiger von dieser Eigenschaft gemacht. Wie die Lage in der Zukunft sein wird, ist noch unklar. Bereits heutzutage sterben laut Weltgesundheitsorganisation jährlich weltweit zehntausende Menschen aufgrund der dauerhaften Lärmbelastung. In Europa sei die Langzeitbelastung durch Verkehrslärm sogar für 1 bis 3 % aller Herzanfälle verantwortlich. In dieser Hinsicht ist die Taubheit sogar in unserem evolutionären Interesse. Mit diesen Beispielen geht es mir darum, zu verdeutlichen, dass es sogar in unserem evolutionären Interesse sein kann, nicht alles auf eine Karte zu setzen. «Don't put all your eggs into the same basket.» Diversität erhöht die Wahrscheinlichkeit unseres Weiterbestehens, und nicht nur die Wahrscheinlichkeit einer erfüllten individuellen Existenz. Beide Anliegen sind zentrale transhumanistische Anliegen. Primär ist die persönliche Lebensqualität. Bedeutend ist aber auch die Reduzierung der Wahrscheinlichkeit, dass unsere Art aussterben wird. Beide Anliegen werden zweifelsohne durch die Affirmation der radikalen Pluralität des Guten gefördert. Welche Konsequenzen dieses Menschenbild auf politischer Ebene hätte, ist eine andere Frage. Einzelne politische Schattierungen habe ich in den vergangenen Reflexionen zwar bereits angesprochen, jedoch sind bislang noch viele Fragen offengeblieben. Der Bereich der politischen Herausforderungen neuester Technologien ist zu zentral, als dass er weiterhin explizit ausgelassen werden darf. Im Folgenden geht es mir darum, eine Skizze einer angemessenen politischen Dynamik zu zeichnen, um zu verdeutlichen, dass die Bejahung der Pluralität, der Diversität und auch der Freiheit nicht notwendigerweise bedeuten muss, dass alleine die Freiheit in der Politik entscheidend sein sollte. Die Bejahung der radikalen Pluralität des Guten führt nicht notwendigerweise zur Unterstützung einer libertären Staatsform, also eines Nachtwächterstaates, in dem die einzige Aufgabe der Politik darin besteht, sich um die individuelle Sicherheit zu kümmern und den Schutz des Eigentums zu garantieren. Zwar werden auch solche Horrorvisionen häufig mit dem Transhumanismus in Verbindung gebracht, aber auch dies geschieht in der Regel nur aus dem Grund, um ihn zu diffamieren. Selbstverständlich gibt es auch Transhumanisten, die für eine libertäre Politik stehen. Die meisten philosophisch spannenden Transhumanisten vertreten jedoch soziale, liberale und demokratische Vorstellungen. Alle ernstzunehmenden Transhumanisten bejahen zumindest eine Variante liberalen Denkens. Hierzu äußere ich mich genauer im folgenden Kapitel.

Burning Man, Techno-Hippies und die Regenbogen-Politik

Um die radikale Pluralität menschlicher Lebensstile garantieren zu können, wird ein entsprechendes politisches Umfeld benötigt, das die größtmögliche Pluralität von Lebensformen erlaubt. In den meisten vergangenen politischen Ordnungen war ein solches Umfeld nicht gegeben. Selbst in der Gegenwart wird die Freiheit in den meisten Staaten nicht so realisiert, wie dies zur Förderung der Lebensqualität der Bevölkerung wünschenswert wäre. Sicherlich sind in all den Staaten, in denen eine Variante eines pluralistischen, sozialliberalen Denkens verfassungstragend ist, noch immer zahlreiche verkrustete Strukturen der Vergangenheit gegeben, die die jeweilige Bevölkerung bevormunden. Aber diese Einschätzungen sind nicht verwunderlich. Freiheit ist keine sich selbst notwendigerweise entfaltende Wahrheit. Liberalität ist eine Errungenschaft der Aufklärung, die auf unterschiedlichen sozialen Ebenen erkämpft wurde. Insbesondere seit Beginn der Aufklärung fand ein Kampf auf unterschiedlichen kulturellen, sozialen und wirtschaftlichen Ebenen statt. Den beteiligten Intellektuellen, Wissenschaftlern, Forschern, Entdeckern und Unternehmern war genauso wie entscheidenden Teilen der weiteren Bevölkerung daran gelegen, nicht mehr durch religiöse, aristokratische und politische Herrscher paternalistisch bevormundet zu werden. Mein Staat, meine Religion, mein Konzept des guten Lebens. Diese gesellschaftliche Anordnung war in den meisten Zeiten und in fast allen Staaten der Welt selbstverständlich. Religiöse Vorstellungen des Guten, die idiosynkratischen Ideale eines Herrschers oder kulturell gewachsene Normen stellten hierbei stets die starken, einheitlich gültigen Werte dar, an die sich jeder Untertan zu halten hatte. An ihnen orientierten sich Gesetze und soziale Normen.

Die Pluralität der menschlichen Bedürfnisse, Neigungen, Triebe, Leidenschaften und Wünsche werden innerhalb solcher Strukturen notwendigerweise unterdrückt. Wenn ein klares Ideal des guten Lebens für universal gültig gehalten wird, dann sind alle anderen Verhaltensweisen falsch, schlecht und krank, ob die Betroffenen selbst dies realisieren oder nicht. Ihnen muss geholfen werden. Dies ist dann eine zentrale Aufgabe des Staates. Hierfür sind die politischen Regeln da. Auch diesbezüglich kann mit dem Begriff der Freiheit argumentiert werden, der positiven Freiheit. Wenn jemand nicht erkennt, was er zum Glücklichsein benötigt, dann hilft ihm der Staat dabei, sich selbst besser zu erkennen. Ist dies nicht großmütig? Genau hier liegt das Problem. Die Pluralität menschlicher Bedürfnisse kann durch eine starke, umfassende und universale Gültigkeit beanspruchende Konzeption eines guten Lebens nicht gefasst werden. Die Abwesenheit staatlichen, sozialen und auch individuellen Zwangs, also das Vorhandensein und die Anerkennung der negativen Freiheit, ist notwendig, um eine große Vielfalt des Florierens menschlichen Lebens zu ermöglichen. Hierfür haben sich die Aufklärer eingesetzt und hierfür muss man sich in allen Staaten der Welt noch immer einsetzen. In Kolumbien wurde jüngst die erste Ehe zwischen drei Personen rechtlich anerkannt. Drei Personen lieben sich, wollen sich gegenseitig unterstützen, beabsichtigen, liebend als Ehepartner zusammenzuleben, und wünschen, dass diese Gemeinschaft auch staatlich anerkannt wird. In Deutschland spricht man davon, dass 2017 die Ehe für alle rechtlich umgesetzt worden sei. Auf die polyamouröse Gemeinschaft der drei kolumbianischen Männer trifft dies nicht zu. Mittlerweile ist es in Großbritannien sogar schon möglich, dass drei Partner zusammen ein biologisch verwandtes Kind haben können. Wenn die betroffenen Eltern jedoch heiraten wollen, dann würde ihnen diese Möglichkeit nicht gewährt werden, obwohl es sich bei ihnen fast schon um eine traditionelle Familie handelt. Sie bestünde aus einem Kind und den mit ihm biologisch verwandten Eltern, mit dem einen Unterschied, dass es sich um drei statt um zwei Eltern handelt. Mit weiteren Entwicklungen im Bereich der neuesten Technologien werden sich sicherlich noch weitere Formen von Elternschaft herausbilden, die noch andere Fragen an das Konzept der Ehe stellen werden, das selbstverständlich an sich schon kritisiert werden kann. Andererseits ist die Überlegung, dass stabile persönliche Verhältnis im Interesse eines Staates sind, durchaus ein guter Grund dafür, dass ein Staat solche Verbindungen, eine Familie, besonders fördert. Wenn im Krankheitsfall der Partner verpflichtet ist, sich auch finanziell um ein anderes Familienmitglied zu kümmern und nicht der Staat, dann ist offenkundig, warum für Staaten ein Interesse an der Institution Ehe besteht. Wenn diese noch für weitere Beziehungsformen geöffnet wird, dann sollte dies ebenso im Interesse von Staaten sein, da sich so auch die finanziellen staatlichen Risiken noch weiter minimieren lassen. Eine Ehe stellt eine Partnerschaft mit besonderen rechtlichen, finanziellen und sozialen Rechten und Pflichten dar. Dass sie innerhalb eines pluralistischen und liberalen Staates auf zwei Partner beschränkt sein sollte, ist nicht notwendig. Hier sollte keine Form des Naturrechts herrschen, sondern der Freiheit.

Freiheit ist sicherlich von primärer Relevanz. Gleichzeitig ist Freiheit nicht die einzige zu beachtende Norm, da die Gefahr besteht, dass sie sich selbst untergraben kann. Freiheit wurde von Personen erstritten, und wenn die Dominanz der Freiheitsnorm die Freiheit vieler untergräbt, dann gilt es, sie mittels der Normen der Gleichheit und der Solidarität auszubalancieren. Schließlich wurde die Freiheit von Personen erstritten, die wiederum alle auf gleiche Weise auch politisch respektiert werden wollen. Gleichheit und Solidarität sind hier die entscheidenden Normen.

Die Politik ist ein dynamisches Gefüge und sollte dies auch sein. Die perfekte politische Ordnung zu erschaffen, ist eine nicht zu realisierende Utopie. Wenn wir uns jedoch stets auf angemessene Weise an die sich verändernden Bedingungen anpassen, indem wir die verschiedenen Grundnormen miteinander ausbalancieren, dann können wir uns glücklich schätzen. Diese pragmatische und dynamische *As-Good-As-It-Gets*-Politik erscheint mir die geeignetste Antwort auf die Frage nach den passenden Randbedingungen einer Politik im Zeitalter der neuen Technologien zu sein. Hierbei sollte das Primat der Freiheit stets berücksichtigt werden, da jede Politik, die dies nicht tut, zu einer bevormundenden, paternalistischen und totalitären zu werden droht. Die Freiheit darf sich jedoch auch nicht so radikal entfalten, dass sie sich dabei selbst abschafft. Der Film *GATTACA* aus dem Jahr 1997 stellt für diesbezügliche Reflexionen eine hervorragende Illustration dar. Eine Möglichkeit der Selbstabschaffung von Freiheit ist nämlich dann gegeben, wenn das soziale Gefälle besonders stark ist und die Schlechtergestellten Probleme bei der Sicherung von grundlegenden Überlebensbedingungen haben, wie Wohnung, Ernährung und Gesundheitsversorgung. In diesem Fall haben sie nicht mehr die Möglichkeit, ihre politischen Freiheiten auf angemessene Weise zu nutzen. Dann kann es problematisch werden, davon zu sprechen, dass sich jemand freiwillig dazu entschlossen hat, die eigenen Organe zu verkaufen. Wenn ein Reicher sich dazu bereit erklären sollte, eine Teilleber (oder auch eine Niere) zu veräußern, um einen anderen Wunsch zu realisieren, kann es sich hingegen durchaus um dessen freie Entscheidung handeln. Dessen Überlegungen könnten wie folgt aussehen:

Mein Lebensziel ist es, ein Jet-Set-Leben zu führen. Ein bekannter Milliardär, mit dessen DNA meine eigene kompatibel ist, fürchtet an einer Lebererkrankung zu sterben. Er ist bereit, 30 Millionen US-Dollar für meine Teilleber-Lebendspende zu bezahlen, mit der ihm ein Überleben und mir ein Leben als Superreicher ermöglicht werden würde. Mir geht es auch ohne so viel Geld gut. Es erscheint mir jedoch höchst unwahrscheinlich, eigenständig ein Leben als Superreicher zu realisieren. Jedoch ist mir es wert, die mit einer Operation einhergehenden Risiken einzugehen, um ein Leben im Luxus führen zu können.

Warum sollte der Staat den Betroffenen vor der Realisierung seiner eigenen Wunschvorstellungen schützen? Problematischer ist es jedoch, wenn eine analoge Entscheidung aus Furcht vor dem Erfrieren oder dem Verhungern getroffen werden würde, weshalb in einem wirtschaftlich erfolgreichen Staat eine öffentliche Grundversorgung zur Wahrung der Freiheit gegeben sein sollte. Die Idee des bedingungslosen Grundeinkommens kann hier durchaus eine ernstzunehmende Option darstellen. Sie ist mit der Errungenschaft und der Anerkennung der Bedeutung der Freiheit gut in Einklang zu bringen. Vielleicht ist sie sogar ein notwendiger Bestandteil von Freiheit. Ob das bedingungslose Grundeinkommen jedoch in der Tat ein praktikables Konzept ist, muss zunächst noch empirisch überprüft werden. Erst wenn wir auf der Basis von verschiedenen Testläufen, die unterschiedlichen Konsequenzen eines solchen Arrangements besser abschätzen können, kann eine Entscheidung darüber getroffen werden, ob es sich hierbei in der Tat um einen praktikablen Vorschlag handelt. Es spricht jedoch einiges dafür, verschiedene Varianten eines bedingungslosen Grundeinkommens ernsthaft zu analysieren.

Die vorangegangenen Reflexionen sind übrigens nicht der einzige Hinweis darauf, dass transhumanistische Positionen nicht in einem kalten und libertären Manchester-Kapitalismus enden müssen. Häufig wird der Transhumanismus als Schreckgespenst gezeichnet, indem beschrieben wird, dass es Ziel der Silicon Valley Milliardäre sei, für sich eine Insel der Glückseligkeit zu erschaffen, die breite Bevölkerung dabei jedoch mit allen Mitteln auszubeuten, um selbst einen solchen Lebensstil aufrechterhalten zu können. Diese Horrorvisionen des bösen, kalten, sich frisches Blut spritzenden Technokapitalisten mögen auf Einzelfälle zutreffen, dass es sich hierbei selbst im Silicon Valley um die vorherrschende Form des Transhumanismus handelt, wage ich zu bezweifeln. Diese Vision ist sicherlich auch nicht mit einer durchdachten Wertschätzung von Freiheit in Einklang zu bringen. Die Wertschätzung für ein nachhaltiges Miteinander von menschlichen und nicht-menschlichen Personen, die sich in einem relational eng verknüpften Geflecht von lebenden Organismen befinden, ist auch im Valley weiterverbreitet, als dies in den Medien anerkannt wird.

Eine genauere Analyse der gelebten Werte der Techno-Entrepeneure kann die vorausgegangene Einschätzung sogar noch verstärken. Im Silicon Valley vertreten viele der transhumanistischen Techno-Hippies eher eine Regenbogen-Politik. Einmal im Jahr feiern sie zumindest ihren grünen Lebensstil beim *Burning Man Festival.* Vielfalt, Nachhaltigkeit und Solidarität sind Werte, deren Relevanz bei einem inklusiven Transhumanismus, für den auch ich mich ausspreche, unbedingt anerkannt und berücksichtigt werden müssen. Das *Burning Man Festival* steht paradigmatisch für die kulturellen Werte der kalifornischen Techno-Innovateure. Elon Musk, die Google Gründer Sergey Brin und Larry Page und auch Mark Zuckerberg haben an diesen Feierlichkeiten zum Teil bereits mehrfach teilgenommen. Der Mitbegründer des Festivals, Larry Harvey, hat 2004 die 10 Prinzipien des *Burning Man Festivals* auch schriftlich zusammengestellt. In diesem Kontext betont er spannenderweise auch explizit, dass diese kein Handlungsdiktat darstellen sollen. Die Prinzipien repräsentieren vielmehr eine Reflexion auf die Grundhaltung der *Burning Man-*

Gemeinschaft. Ich möchte nicht sagen, dass in ihnen eine zentrale philosophische Erkenntnis enthalten ist oder dass sie ohne Weiteres auf politischer Ebene umgesetzt werden können. Jedoch verdeutlichen diese vom *Burning Man*-Festival geteilten Grundprinzipien, dass die Festivalteilnehmer, von denen viele erfolgreiche Techno-Unternehmer aus dem Silicon Valley sind, nicht unbedingt mit den kaltherzigen Ausbeuterkapitalisten zu identifizieren sind, wie dies leider häufig von Vertretern bestimmter Interessensgruppen vermittelt wird. Im folgenden Absatz finden sich die Grundprinzipien dieses Festivals.

Die radikale Inklusion ist ein solches Grundprinzip, das impliziert, dass Fremde zu respektieren sind. Das Beschenken wird hochgehalten, wobei gleichzeitig betont wird, dass hieran keine Erwartungen gekoppelt sein sollen. Um der Ausbeutung vorzubeugen, soll die Entkommodifizierung gefördert werden, weil das teilnehmende Erlebnis wichtiger ist als der Besitz von etwas. Aufgrund der Bedeutung und der Vielfalt eigener Quellen wird die radikale Eigenständigkeit wertgeschätzt. Um diese Quellen auch Anderen zukommen lassen zu können, soll die radikale Selbstdarstellung gefördert werden, wobei deren Ergebnisse niemanden aufgezwungen werden dürfen. Durch dieses Sich-dem-Anderen-Zuwenden werden gleichzeitig gemeinschaftliche Bemühungen unterstützt, für die entsprechende Orte etabliert werden sollten. Sich-anderen-zuwenden impliziert auch eine starke bürgerliche Verantwortung, wobei die soziale Wohlfahrt stets auch die lokalen Gegebenheiten mit zu berücksichtigen habe. Diese Verantwortung umfasst auch die Umwelt, sodass die Aufgabe, dort keine Spuren zu hinterlassen, bedeutet, dass ein Ort in einem besseren Zustand zu hinterlassen ist, als der, indem man ihn vorgefunden hat. Alle werden zur aktiven Teilnahme eingeladen, da in diesem Umfeld davon ausgegangen wird, dass auf diese Weise ein transformativer Wandel realisiert werden kann, der die Qualität auf individueller und sozialer

Ebene fördert. Eine derartige Lebensführung soll wegführen von abstrakten Idealvorstellungen der Welt und hin zur Unmittelbarkeit der momentanen Erfahrung, mit deren Hilfe eine Vielzahl von Grenzen überwunden werden können und die uns die Nähe und das Eingebundensein in unsere Umwelt und unsere Gesellschaft erfahren lassen kann. Dies ist übrigens auch ein zentrales Anliegen vieler transhumanistischer Kunstwerke, auf die ich hier leider nicht weiter eingehen kann.

Diese Grundprinzipien sind bei genauer philosophischer Betrachtung nicht immer unproblematisch und auch nicht immer in Einklang miteinander zu bringen. Gleichzeitig wird deutlich, dass unabhängig von der hohen Wertschätzung der Freiheit, die Zuwendung zur Umwelt von enormer Relevanz ist. Gleichheit, Solidarität, Nachhaltigkeit, Verantwortung und weitere dem Anderen gewidmete Normen sind allesamt in dieser Auflistung zu finden. Die alleinige politische Wertschätzung der Freiheit untergräbt sich selbst. Eine stetige Ausbalancierung mit anderen Normen ist für ein gelingendes Zusammenleben, bei dem das gute Leben aller gefördert werden soll, notwendig. Die Freiheit als primäre Norm aufzugeben, stellt eine enorme gesellschaftliche Gefahr dar. Deshalb muss in einer immer stärker digitalisierten Gesellschaft speziell das Verhältnis von Freiheit und Privatheit beleuchtet werden.

Das Internet-Panopticon und die Auflösung der Privatheit

Der Angriff von Superintelligenzen ist weniger zu fürchten als die Gefangenschaft im Internet-Panopticon, wenn dieses sich in einem totalitären Staat befindet. Nicht weil ein solcher Angriff weniger gefährlich wäre, sondern vielmehr, weil wir uns freiwillig immer tiefer ins Internet-Panopticon hineinbegeben und die problematischen Konsequenzen uns zeitnah betreffen werden, insbesondere dann, wenn die kulturelle Bewegung hin zum Nationalismus, Kommunitarismus und einem naiven Konservatismus, wie er sich in manchen Ländern gegenwärtig abzeichnet, weiter ausbreiten sollte. Dann könnte sich auf liberaler Basis ein totalitärer Überwachungsstaat ergeben, wie wir ihn bislang noch nicht gekannt haben. Und es gab bereits einige grausame Beispiele von totalitären Überwachungssystemen. Mit Hilfe der neuesten Techniken könnten diese an Effizienz aber noch bei Weitem übertroffen werden. Dies bedeutet nicht, dass ich davon ausgehe, dass dies so geschehen wird. Der Gefahr bin ich mir aber wohl bewusst, insbesondere aufgrund der Tatsache, dass ich von den zuvor bereits geschilderten Digitalisierungsprozessen ausgehe. Je länger wir auf dem Weg zum Übermenschen voranschreiten, desto weiter begeben wir uns ins Internet-Panopticon. Hierfür gilt es geeignete Regeln zu entwickeln. Wir benötigen Regeln für den Übermenschenpark.

Was ist nun dieses Internet-Panopticon und in welchem Verhältnis steht es zu den hier beschriebenen Digitalisierungsphänomenen? Beim Panopticon handelt es sich zunächst einmal um eine architektonische Struktur, die bei Krankenhäusern, Schulen und Fabriken sinnvoll angewendet werden kann.

Entwickelt wurde sie im späten 18. Jahrhundert vom Begründer des Utilitarismus, dem Philosophen Jeremy Bentham. Sie war ein Bestandteil seiner Vorschläge für rechtliche und soziale Reformen. Sein diesbezügliches Hauptaugenmerk galt der Architektur von Gefängnissen, die jedoch nicht mehr gemeinsam mit ihm realisiert wurden. Jedoch entstanden später in der Tat Gefängnisse und Fabriken auf der Grundlage seiner Entwürfe.

Das Panopticon hat den Vorteil der dauerhaften und kostengünstigen Überwachung von Gefangenen. Es besteht aus einem Rundbau mit zahlreichen vollständig Licht durchfluteten Zellen mit Fenstern an der Innen- und Außenseite des Kreises. Ein innen dunkler Turm mit wenigen Gucklöchern befindet sich im Zentrum dieses Kreises, in dem sich Wächter befinden können. Ob sich tatsächlich Wächter in ihm befinden oder nicht, ist für die Gefangenen nicht zu erkennen. Jedoch ist den Gefangenen bewusst, dass alle ihre Handlungen jederzeit beobachtet werden können. Im Vergleich zu einem herkömmlichen Gefängnis benötigt das Panopticon weniger Personal, was die Betriebskosten mindert, ohne dass Gleiches mit der Effizienz geschieht. Von den Gefängnisinsassen wird die Situation der beständigen Überwachung internalisiert, was zur Folge hat, dass sie dazu geneigt sind, ihre eigenen Handlungen eigenständig zu zensieren.

Der Name Panopticon stammt von einem Riesen mit hundert Augen aus der griechischen Mythologie, der der helläugige Allsehende, Argos Panoptes, genannt wurde. Er war ein ausgezeichneter Wächter, da einige seiner Augen stets wach waren. Er war sich nämlich bewusst, dass das Schlafen tödlich sein kann. Seine Aufgabe war es, Io zu pflegen, die eine Sterbliche war und zuvor von Hera in eine Kuh verwandelt wurde, da Hera sich des Interesses ihres Mannes Zeus an ihr bewusst war. Ein Sohn von Zeus, Hermes, schaffte es, den Riesen zu töten, nachdem er ihn mittels Flötenspiel in den Schlaf versetzt hatte. Hera bewahrte die Augen des Wächters im Pfauenschweif auf, um des Wächters zu gedenken. Ihr Wagen wurde von Pfauen gezogen.

Im Mythos war die Überwachung im erotischen Verhältnis von Hera und Zeus relevant. Im Gefängnis spielt sie eine Rolle zwischen Wächtern und Gefangenen. Im Internet-Panopticon ist die Situation noch komplexer, da die einzelnen Rollen weniger klar definiert sind. Jeder hervorragende Hacker könnte ein Wächter sein. Gleichzeitig ist jedoch auch jeder Internetnutzer und damit auch jeder Wächter ein Gefangener. Die grundlegenden Protokolle des Internets wurden 1981 entwickelt. Noch bevor dies geschah, beschrieb Foucault 1975 die Situation in diesem Gefängnis mit dem Wort «Panoptismus» und verglich sie mit der zunehmenden Menge an Kontrollmechanismen innerhalb westlicher Gesellschaften seit dem 18. Jahrhundert. Diese waren jedoch kaum nennenswert im Vergleich zu den Mechanismen, in die wir uns freiwillig mit dem Internet der Dinge hineinbegeben. Wir tun dies jedoch aus einem guten Grund. Die Digitalisierungsprozesse und das Internet der Dinge erhöhen unsere Lebensqualität. Gleichzeitig ermöglicht beides auch die totale beständige Überwachung. Die wichtigsten Bereiche der persönlichen Überwachung sind die folgenden: 1. Unsere raumzeitliche Verortung (GPS, öffentliche Überwachungskameras, Navigationssysteme); 2. Unsere Psyche (gescannte Inhalte von E-Mails, Internetsuchanfragen, aufgerufene Webseiten); 3. Unsere Physis (Krankendaten, biometrische Angaben, Genanalyse). Informationen aus den ersten beiden Bereichen können leicht gewonnen werden. Gegenwärtig sind die Daten aus der dritten Kategorie besonders gefragt, insbesondere das Interesse an genetischen Daten ist gegenwärtig enorm, und zahlreiche Unternehmen, wie etwa *23andme*, bieten diesbezügliche Leistungen an.

Bereits Bacon erkannte: «Nam et ipsa scientia potestas est.» Wissen ist Macht. Die Digitalisierung abzuschaffen oder rückgängig zu machen, ist keine Option. Dies ist weder möglich noch wünschenswert. Jedoch ist auch die totalitäre Massenüberwachung kein kulturelles Umfeld, das auf den ersten Blick als erstrebenswert angesehen werden sollte. Die zentrale Herausforderung, die sich hier stellt, ist, wie das kulturelle Umfeld zu strukturieren ist, damit die voranschreitende Digitalisierung nicht mit einer Retotalisierung der Gesellschaft ungekannten Ausmaßes einhergeht. Hermes löst seine Herausforderung hinsichtlich Argos Panoptes durch das Flötespielen, sodass der Riese mit hundert Augen einschläft und getötet werden kann. Für unsere Situation ist die Zerstörung des Internets jedoch keine geeignete Lösung – und dieses Ereignis wäre mit dem Mord an dem Riesen zu identifizieren. Wir wollen das Internet bewahren und noch weiter ausbauen. Es fördert unsere Lebensqualität. Mit der Existenz des Internets bleiben wir jedoch in dem Gefängnis des Internet-Panopticons gefangen. Hiermit ist auch der Verlust der Privatheit gegeben. Wie ist nun mit dieser Situation umzugehen? Zwei Varianten sind das Bemühen um Anonymität und das Erschaffen von Chaos. Um Anonymität im Internet kann man sich etwa mittels einer Software, wie etwa dem Verschlüsselungsprogramm *Tor*, bemühen. Jedoch muss hierbei beachtet werden, dass wahrscheinlich jede solche Bemühung durch entsprechende Gegenaktivitäten rückgängig gemacht werden kann. Auch Nutzer von *Tor* wurden bereits durch Sicherheitsagenturen aufgespürt. Um Chaos zu erschaffen, kann man sich etwa durch das Anlegen verschiedener *Social-Media*-Persönlichkeiten bemühen oder das gemeinsame Nutzen von solchen. Eine weit entwickelte künstliche Intelligenz wird jedoch trotzdem den Nutzer identifizieren und die verschiedenen Konten miteinander verbinden können. Weiterhin sind diese beiden Optionen keine adäquaten Lösungen, da mit ihnen auch zahlreiche Vorzüge des Internets verlorengehen. Big-Data-Informationen setzen etwa die Identifikation der Nutzer voraus, denn nur so kann die Relation von unterschiedlichen Eigenschaften erkannt werden. Viele hiermit verbundene Erkenntnisse sind von enormem allgemeinem Interesse, z. B. das Verhältnis von Verhaltensweisen und der Wahrscheinlichkeit, eine spezielle Krankheit zu bekommen.

Worin besteht jedoch überhaupt die Herausforderung der Privatheit? Ist sie wirklich so wichtig für uns? Warum schätzen wir sie? Die beiden wichtigsten diesbezüglichen Gründe sind die Eigentums- und die Sanktionstheorie der Privatheit. Jedoch handelt es sich hierbei um keine sich gegenseitig ausschließenden Theorien. Beide Theorien eint die Anerkennung der Bedeutung von Macht. Dies muss kurz erläutert werden. Meine Privatheit ist mir wichtig, da damit Informationen über mich einhergehen. Informationen über meine Person sind mein Eigentum. Eigentum ist wiederum wichtig, da mit Eigentum Macht einhergeht. Wer etwas besitzt, darf über das Besessene verfügen. Dies ist Macht. Wenn ich ein beachtliches Datenkapital realisiert habe, dann kann mir dies in zahlreichen Kontexten von enormer Bedeutung sein, z. B. bei Visa-Anträgen, Bemühung um Kredite oder die Bewerbung um eine neue Arbeitsstelle.

Auch die Sanktionstheorie von Privatheit lässt sich auf diese Weise erläutern. Wir schätzen Privatheit, da wir fürchten, für Handlungen sanktioniert zu werden. Etwa wenn wir privat etwas tun, was entweder rechtlich, institutionell oder moralisch verwerflich ist, wie etwa starke Drogen zu konsumieren, Sterbehilfe zu leisten oder polyamourös zu leben und zu lieben. Sanktionen bedeuten Einschränkungen, was wiederum einen Machtverlust impliziert, z. B., wenn ich mit einem Gefängnisaufenthalt, dem Ausschluss aus einer Institution oder der gesellschaftlichen Ausgrenzung bestraft werde. Was die erstgenannte Theorie angeht, so ist in einem System ohne Privatheit zumindest niemand von vornhinein diesbezüglich bessergestellt, außer diejenigen, die selbst als Wächter tätig sind. Da im Internet-Panopticon jedoch die Rolle der Wächter nicht klar definiert ist, ist jeder in der Rolle eines Gefangenen. Auch der Wächter kann überwacht werden. Was die Sanktionstheorie angeht, so ist die Situation eine andere. Je mehr Werte und rechtliche und institutionelle Normen gegeben sind, desto mehr Sanktionen muss jeder von uns fürchten. Hierin befindet sich also der entscheidende zu thematisierende Punkt. Wieviel Sanktionen sollten wir fürchten müssen?

Der Aufenthalt im Internet-Panopticon bedeutet die beständige Furcht vor Sanktionen. Ist es jedoch möglich, ohne Furcht vor Sanktionen zu leben? Hobbes hat uns klar vor Augen geführt, dass dies nicht der Fall ist. Selbst der Stärkste muss einmal schlafen, und wenn man schläft, dann kann man vom Schwächsten getötet werden. In einer Welt ohne politische Strukturen müssen wir immer dann, wenn wir schwach sind, schlafen oder krank sind, fürchten, getötet zu werden. Dieser Zustand ist in niemandes Interesse. Aus diesem Grund sind politische Strukturen notwendig. Diese bedeuten jedoch, dass es Normen gibt, die wiederum nur dann sinnvoll sind, wenn man in irgendeiner Form dafür sanktioniert wird, wenn man diese bricht. Die Furcht vor Sanktionen ist mit jeder sinnvollen politischen Ordnung gegeben. Sanktioniert wird man jedoch nur dann, wenn ein Regelverstoß zu Tage tritt, was wiederum wahrscheinlicher wird, je überwachter ein System ist. Dies bedeutet andererseits, dass in einem totalen Überwachungsstaat die Wahrscheinlichkeit sehr hoch ist, dass jeder Regelverstoß ans Licht kommt. Muss eine solche politische Ordnung problematisch sein? Nicht notwendigerweise. Wenn der Mörder eines unschuldigen Kleinkindes, ein Vergewaltiger oder ein Entführer gefasst werden, dann ist dies im Interesse der Bevölkerung. Ein Problem besteht jedoch darin, dass die Regeln in keiner Gesellschaftsordnung ohne Mängel sind, d.h. in jedem System besteht die Gefahr von Sanktionen für Handlungen, die moralisch nicht notwendigerweise problematisch sind. Homosexuelle Handlungen wurden in Deutschland noch vor 50 Jahren strafrechtlich verfolgt. Mittlerweile ist die Ehe für alle in Deutschland rechtlich legitim. Auch heute ist Inzest unter Erwachsenen in Deutschland noch immer verboten. In Spanien ist dies nicht der Fall. Warum ein Staat das Recht haben sollte, Erwachsenen vorzuschreiben, mit wem sie Sex haben dürfen, ist mir nicht ersichtlich. Es handelt sich bei einem sexuellen Verhältnis ausschließlich um ein Vertragsverhältnis zwischen zwei Erwachsenen.

Ein Grund dafür, warum uns das Recht auf Privatheit wichtig ist, ist dass kein Regelsystem ohne Mängel ist, und wir befürchten ohne treffenden Grund sanktioniert zu werden. Genau aus diesem Grund ist die Anerkennung der Norm der negativen Freiheit, also der Abwesenheit von Zwang, jedoch eine so zentrale im Recht. Je mehr individuelle Möglichkeiten gegeben sind, desto geringer ist die Wahrscheinlichkeit, aus unzutreffenden Gründen sanktioniert zu werden. In einem System, in dem jede Form von Privatheit abhandengekommen ist, ist diese Einsicht umso wichtiger. Negativ formuliert bedeutet dies: Die politische Norm der Freiheit ist in einem System der totalen Überwachung besonders wichtig, da so die Wahrscheinlichkeit von unzutreffenden Sanktionen reduziert wird. Der gleiche Punkt kann und sollte auch positiv formuliert werden, denn diese Begründung ist zumindest ebenso wichtig wie die vorangegangene. Die politische Norm der Freiheit ist in einem System der totalen Überwachung besonders wichtig, da so die Wahrscheinlichkeit der Ermöglichung des guten Lebens erhöht wird. Hier gehe ich, wie bereits zuvor erläutert, davon aus, dass eine nicht-formale Bestimmung des guten Lebens höchst unplausibel ist, was in etwa besagt, dass keine inhaltliche Aussage darüber, was ein gutes Leben ausmacht, plausibel ist. Jeder Mensch hat ein ganz einzigartiges Konzept, das ihm ein gutes Leben ermöglicht. Diese Überlegungen machen deutlich, dass die einzige überzeugende Lösung der Frage nach den bestmöglichen kulturellen Randbedingungen vor dem Hintergrund der Digitalisierung nur darin bestehen kann, dass wir uns stets darum bemühen müssen, die Norm der negativen Freiheit auf gesetzlicher, sozialer und kultureller Ebene zu fördern. Dass die negative Freiheit wichtig ist, beruht jedoch nicht auf einer Erkenntnis. Vielmehr handelt es sich um eine individuelle Wertsetzung meinerseits, die glücklicherweise heutzutage weithin geteilt wird. Es handelt sich bei Normen und Werten ebenso um Fiktionen, wie dies beim Geld der Fall ist. In allen diesen Fällen handelt es sich um fingierte, erdichtete und ausgedachte Wertungen, die nur dann wirkmächtig sein können, wenn sie geteilt werden. Für die Wirkmächtigkeit der Norm der Freiheit werbe ich in allen meinen Schriften.

Auch der Begriff der Fiktion soll nicht implizieren, dass es sich um eine falsche Norm handelt. Der Ausdruck «Fiktion» stammt vom lateinischen *«fingere» ab, das* formen, gestalten und sich ausdenken bedeutet. Es handelt sich also um gestaltete Normen und Werte. Ob ihnen etwas entspricht oder nicht ist irrelevant. Relevant ist, dass die Fiktion der negativen Freiheit und auch die der Autonomie, von mir und glücklicherweise auch von vielen anderen gegenwärtig Lebenden für wichtig erachtet werden. Wir setzen uns für diese Fiktionen ein und müssen uns immer wieder von Neuem für diese Normen einsetzen, um deren Effektivität aufrechtzuerhalten.

Entschleunigung durch Beschleunigung[7]

Die voranschreitende Digitalisierung stellt jedoch nicht nur eine Herausforderung für die Privatheit dar, sondern sie hat auch Auswirkungen auf die Geschwindigkeit kultureller Prozesse. Eine weitverbreitete diesbezügliche Einschätzung ist, dass wir in Zeiten der beständigen Beschleunigung leben. Unsere Lebensqualität sinkt. Wir fühlen uns so ausgebrannt und überfordert wie nie zuvor. Der Wunsch nach familiärer Harmonie und einem gemeinsamen Abendessen und dem anschließenden gemeinsamen Musizieren bleibt unerfüllt. Wir sind weit entfernt von den guten alten Zeiten, zu denen all dies noch möglich war. Heutzutage sind wir gefangen in einer hektischen Welt, in der wir uns in einem sich immer schneller bewegenden Hamsterrad drehen, bis wir schließlich übermüdet, erschöpft und überarbeitet in uns zusammenfallen. Bereits am Morgen sind wir gestresst. Eine schnelle Tasse Filterkaffee schaffen wir gerade noch zu trinken. Bereits auf dem Weg ins Büro erhalten wir einen dringend zu erledigenden Auftrag per E-Mail. Weitere Anrufe, SMS und E-Mails folgen. Ein Notplan liegt vor, noch bevor Sie das Büro betreten haben. Ihr Kollege ist leider krank geworden. Nun müssen Sie dessen Arbeiten auch noch erledigen. Dann folgt noch ein wichtiger Anruf von ganz oben. Ihr Chef will Sie später am Tag noch persönlich sprechen. Kurz vor der Mittagspause beruft der Abteilungsleiter noch eine weitere dringende Besprechung ein. Weitere Termine… weitere Aufgaben… Sie bemühen sich darum, alles pflichtgemäß, sorgfältig und gewissenhaft zu erledigen … die wichtigsten Arbeiten sind geschafft. Sie blicken auf die Uhr. Es ist schon nach 21 Uhr. Ihr Partner surft im Netz. Kinder haben Sie keine. Stress, Unzufriedenheit und eine innere Unruhe prägen den Alltag. In Hollywood-Filmen wird uns ein anderes Leben versprochen. Die intensive Helligkeit der toskanischen Sonne prägt unser künstlerisches Schaffen. Beim Abendessen im Freien diskutieren wir mit Freunden die Zukunft der Künste. Beim Frühstück genießen wir das selbstgebackene Brot mit den frischen Eiern vom Hühnerstall neben dem Haus.

Diese Beschreibungen können weithin nachvollzogen werden. Sind sie jedoch angemessen? Haben wir Ansprüche an unser Leben, die zu stark von filmischen Entwürfen der Traumfabrik geprägt sind? Leben wir vielleicht sogar schon ein gutes Leben und bemerken dies nicht?

Der erste Haartrockner kam 1908 auf den Markt. Der Kühlschrank wurde erst in den 1930er Jahren zur Standardausstattung von Küchen in US-amerikanischen Haushalten. 1951 kam in Deutschland die erste vollautomatische Waschmaschine auf den Markt. Vor gerade mal 65 Jahren. 1990 wurde durch die US-amerikanische *National Science Foundation* beschlossen, das Internet kommerziell nutzbar zu machen. Erst 2007 wurde das erste Smartphone, das iPhone, eingeführt. Wir sind hierdurch leichter erreichbar. Wir können nun auch im Urlaub, im Zug oder beim Italiener mal kurz unsere E-Mails abrufen und uns über das gegenwärtige Kinoprogramm erkundigen. Ist das Leben durch diese Erfindungen schwieriger geworden? Können wir uns heutzutage ein Leben ohne Kühlschrank und Waschmaschine überhaupt noch vorstellen? Wie viel Zeit würden wir täglich benötigen, um diese automatisierten Tätigkeiten per Hand zu erledigen? Ist unser Leben durch diese Erfindungen schneller geworden?

1796 entdeckte der britische Arzt Edvard Jenner einen Pockenimpfstoff. 1804 wurde die erste Operation unter allgemeiner Anästhesie durchgeführt. Dass die Schimmelpilze der Gattung *Penicillium* eine keimtötende Wirkung haben, entdeckte der Bakteriologe Alexander Fleming 1928. Diese und andere Entwicklungen hatten enorme gesellschaftliche Konsequenzen.

Um 1700 lag die durchschnittliche Lebenserwartung aufgrund der hohen Säuglingssterblichkeit bei 30 Jahren. Selbst 1875 hatten die Bewohner des Deutschen Reiches noch eine von unter 40 Jahren. 2015 lag die durchschnittliche Lebenserwartung der Bewohner des afrikanischen Landes Tschad noch immer bei knapp unter 50 Jahren, während sie sich in Monaco, dem Land mit den weltweit höchsten monatlichen Durchschnittsnettoeinkommen, das bei über 14.000 € liegt, bereits bei fast 90 Jahren befand.

Auch in Deutschland hat die Lebenserwartung rasant und signifikant zugenommen. 1953 lag die Lebenserwartung für Männer in Deutschland bei 65, für Frauen bei knapp 70 Jahren. Beide haben sich in den vergangenen 50 Jahren enorm erhöht. Bei Männern lag sie 2013 bei 78 und bei Frauen bei 83 Jahren. In den vergangenen 50 Jahren hat also bei Männern und Frauen eine Steigerung der durchschnittlichen Lebensspanne um 13 Jahre stattgefunden. Aber die Veränderungen bleiben nicht auf diesen Bereich beschränkt.

Im 19. Jahrhundert zählten 80 % der britischen Bevölkerung zur Arbeiterklasse. Es gab Kinderarbeit. Kinder arbeiteten häufig mehr als 12 Stunden täglich in Textilfabriken. Erst 1833 wurde es britischen Kindern unter 9 Jahren verboten, in Textilfabriken zu arbeiten. Vor 1842 arbeiteten dort Kinder auch häufig in Kohleminen. Diese waren zuweilen gerade einmal 5 Jahre alt. Selbst Ende des 19. Jahrhunderts lebten noch rund 10 % der Briten am absoluten Existenzminimum. Sie besaßen noch nicht einmal die einfachsten Lebensgrundlagen, wie etwa ausreichende Ernährung. Diese Situation hat sich mittlerweile radikal geändert. Laut Gesetz besteht in Großbritannien heutzutage ein Urlaubsanspruch von 28 Tagen jährlich. Frankreich, Finnland und Brasilien übertrafen diesen Anspruch noch um 2 weitere Tage. In China haben Arbeiter einen gesetzlichen Urlaubsanspruch von nur 10 Tagen und in den USA von nur 11 Tagen. In den USA wird das Arbeiten aber immerhin mit durchschnittlich 4200 € pro Monat entlohnt. Damit ist der Lohn doppelt so hoch wie in Süd-Korea.

Es sind diese historischen Betrachtungen, die uns dabei helfen, unsere Klagen vor einem realistischeren geschichtlichen Hintergrund zu betrachten. Uns geht es bei Weitem nicht so schlecht, wie es weithin angenommen wird. Menschen beklagen sich über den technischen Fortschritt, jedoch ermöglicht uns dieser technische Fortschritt unsere Leben angenehmer, länger und entspannter zu führen als dies jemals zuvor der Fall war. Technische Innovationen spielen diesbezüglich eine entscheidende Rolle.

Diese Einsicht sollte ernstgenommen werden. Technologien fördern die Wahrscheinlichkeit, die Grenzen unseres bisherigen Menschseins zu sprengen. Mit gesteigerten Fähigkeiten und einer verlängerten Lebensspanne geht auch eine erhöhte Wahrscheinlichkeit einher, ein gutes Leben zu führen. Unsere Erfahrungen bestätigen dies. Wer sich einmal Wissen, Erfahrungen, Einsichten und Fähigkeiten erworben hat, mag diese nicht mehr missen. Diese Einschätzung hat auch Konsequenzen für unser zukünftiges Handeln und für zu erwartende Implikationen von weiteren technischen Innovationen. Es besteht nämlich kein Grund dazu, anzunehmen, dass die beschriebenen Entwicklungen in der Gegenwart am Ende angelangt sind. Von besonderer Bedeutung ist, dass sich unsere Lebensspanne sehr wahrscheinlich weiter erhöhen wird.

Neueste Forschungen haben gezeigt, dass die Folgen der Automatisierung noch weitreichendere Implikationen haben werden. Hier sticht die Forschung von zwei Oxforder Ökonomen hervor. Sie haben in einem 2013 als *working paper* veröffentlichten Artikel mit dem Titel *The Future of Employment* herausgearbeitet, dass in den kommenden 10 bis 20 Jahren 47 % der US-amerikanischen Arbeitskräfte aufgrund der zunehmenden Automatisierung der Berufe unter einem besonders hohen Risiko stehen, ihren Job zu verlieren. Diese Studie wurde weithin als Warnung vor einer technikbedingten Arbeitslosigkeit aufgefasst, von der in den nächsten Jahrzehnten auszugehen sei. Jedoch kann diese Studie auch anders gedeutet werden.

Wenn wir in die Vergangenheit blicken, wie wir dies hier auch kurz getan haben, dann erkennen wir, dass die Automatisierung kein neues Phänomen ist. Wir haben stets Techniken erfunden, um unangenehme, langwierige oder schwierige Tätigkeiten zu automatisieren. Ist dadurch Arbeitslosigkeit entstanden? Es sind Berufe weggefallen. Es sind gleichzeitig aber auch neue Berufsfelder entstanden. Es gibt heutzutage wesentlich weniger Pferdekutscher als noch vor 200 Jahren. Dafür gibt es den Berufsstand der Piloten. Ist die Entwicklung problematisch? Das Flugzeug gilt weithin als das sicherste Fortbewegungsmittel. Übrigens gab es 2010 in den USA mehr Todesopfer im Zusammenhang mit Pferden als durch Naturkatastrophen. Bislang ist eher festzustellen, dass durch die Entwicklung neuer Techniken die Arbeitszeit zurückging, der Wohlstand stieg und Kinder und ältere Menschen nicht mehr so häufig zum Arbeiten gezwungen waren. Sie konnten ihren Lebensabend genießen bzw. hatten die Möglichkeit und die Zeit dafür, sich mit den wichtigen Fragen des Lebens auseinanderzusetzen. Kinder können dies nun in der Schule machen. Dies ist das eigentliche Anliegen eines Schulbesuchs, nur wird es häufig vergessen. Eine Schule zu besuchen ist ein Privileg. Das Wort «Schule» kommt von dem altgriechischen *schole*, das Muße bedeutet. Der Muße-Begriff steht jedoch nicht für Untätigkeit, Herumlungern und andere Zeitverschwendungen. Auch Muße und Arbeit sind klar voneinander zu unterscheiden. Man arbeitet, um Geld zu verdienen, wobei Geld nur ein Mittel ist, aber kein Selbstzweck. Die Erholung ist Bedingung der Arbeit, da jeder der arbeitet, sich auch entspannen muss. Muße hingegen steht für die Auseinandersetzung mit den wichtigsten Lebensfragen. Zeit für Muße zu haben, ist das höchste Gut. So urteilte bereits Aristoteles. Es macht den Menschen erst zum Menschen. Antike Aristokraten schämten sich dafür, arbeiten zu müssen. Arbeit ist zwar eine Notwendigkeit, Muße ist jedoch unsere eigentliche Erfüllung und wahrscheinlich notwendig für ein gelungenes Leben. In Deutschland besteht eine allgemeine Schulpflicht. Hier werden also Kinder dazu gezwungen, sich mit den fundamentalen Lebensfragen auseinanderzusetzen, d. h. dieses Privileg in Anspruch zu nehmen. Kinder dürfen noch nicht einmal arbeiten, wie dies noch im 19. Jahrhundert üblich war. Und wir sprechen heutzutage von der Notwendigkeit der Entschleunigung.

Vielmehr kann festgestellt werden, dass es heutzutage den meisten Bewohnern der ersten Welt besser geht als vielen Mächtigen der Vergangenheit. Wir alle sind mittlerweile quasi zu Aristokraten geworden und beklagen uns vielleicht auch deshalb, nicht so leben zu können, wie es uns von den Aristokraten in Hollywood-Filmen vorgelebt wird. Unsere Erwartungen sind keine realistischen. Vielmehr ist es so, dass die Beschleunigung des Ablaufs von Standardprozessen zu einer radikalen gesellschaftlichen Entschleunigung geführt hat. Wir sind entschleunigter als wir es je zuvor waren. Falls Roboter nicht zeitnah die Herrschaft übernehmen, wovon ich nicht ausgehe, da wir von allgemeiner künstlicher Intelligenz noch weit entfernt sind, könnte sich eine neue Sklavenkaste bilden, die aus Robotern bestehen wird. Das Wort «Roboter» kommt vom tschechischen *robota*, das Zwangsarbeit bedeutet. Auch diese Entwicklung dürfte die Entschleunigung durch Beschleunigung weiter fördern.

Dass die Beschleunigung zur Entschleunigung führt, trifft jedoch nicht nur auf sozialer, sondern auch auf individueller Ebene zu. Durch verbesserte menschliche Fähigkeiten verlangsamt sich die Wahrnehmung von Prozessen. Für einen Mathematikprofessor ist eine einfache Additionsaufgabe eine geringere Herausforderung als für einen Grundschüler. Wenn wir uns nun einen durch neueste Techniken verbesserten Mathematiker vorstellen, der in der gleichen Relation zum Mathematikprofessor steht, wie dieser zu einem Grundschüler, dann bekommen wir eine Ahnung davon, wie die Beschleunigung zur Entschleunigung führen kann. Wenn gleichzeitig weitere von Menschen verrichtete Prozesse automatisiert werden, dann wird eine Entschleunigung durch Beschleunigung hinsichtlich dieser Wirklichkeitsdimension gefördert.

Die Teezeremonie und die pharmakologisch geförderte Achtsamkeit

Mit den vorangegangenen Reflexionen möchte ich übrigens nicht sagen, dass die Sehnsucht nach Entschleunigung keine Beachtung finden oder ihr nicht nachgegangen werden sollte. Nur weil wir entschleunigter leben als je zuvor, ist es nicht der Fall, dass eine weitere Entschleunigung nicht wünschenswert wäre. Aufgrund der voranschreitenden Aufweichung der Unterscheidung von Privatem und Beruflichem und der Notwendigkeit zum Multitasking in allen unseren lebensweltlichen Sphären, kann durch Achtsamkeit unsere Lebensqualität in der Tat noch weiter gesteigert werden. Im Kontext transhumanistischer Überlegungen wird hierbei auch ergänzend die Möglichkeit der radikalen Achtsamkeit vorgeschlagen. Ein bestimmter Bewusstseinszustand kann nämlich nicht nur durch psychophysiologische Übungen und örtliche Randbedingungen gefördert werden, sondern ebenso durch eine externe Beeinflussung, wie etwa durch pharmakologische Produkte, z.B. Nikotin, Modafinil, Ritalin, aber auch Tee und die dazugehörige Zeremonie können wirksam sein. Viele Studien verdeutlichen, dass zahlreiche mit der Achtsamkeit verbundene Eigenschaften mittels verschiedener Pharmaka gefördert werden können. Sowohl die Konzentrationsfähigkeit als auch die Aufmerksamkeitsspanne können durch Nikotin gesteigert werden. Die Fähigkeit, weniger stark von den eigenen Impulsen beherrscht zu werden, kann durch Modafinil signifikant verstärkt werden. Gerade Ritalin kann auch bei Gesunden die Fähigkeit unterstützen, fokussiert bei sich zu sein, sich zu konzentrieren und eine stärkere Impulskontrolle zu erzielen. Dass Achtsamkeit nicht nur mittels Meditationstechniken und anderer Übungen gefördert werden kann, ist jedoch keine neue Einsicht, die erst im Rahmen von transhumanistischen Überlegungen entstanden ist. Sie ist bereits in traditionellen Beispielen enthalten. Besonders deutlich tritt sie anhand des Beispiels der Teezeremonie hervor. *Chanoyu* heißt die traditionell japanische Teekunst. Es handelt sich hier um eine Achtsamkeitsschulung. Es kommt hierbei jedoch nicht alleine auf den Prozess der Teezubereitung an, sondern ebenso auf die Wirkung, die vom Tee ausgeht. Beide Elemente fördern die Hingabe an den Augenblick. Eine *Chakai*, wörtlich ein sogenanntes «Teetreffen», dauert in der Regel etwa vier Stunden. Die Zubereitung wie auch die Wirkung des Tees spielen hier genauso eine Rolle, wie die allgemeine Atmosphäre, in der sich dieses Zusammentreffen abspielt. Entscheidend ist, dass diese Bestandteile nicht kategorial voneinander getrennt werden können. Es handelt sich vielmehr um ein passendes Zusammenspiel von der Gestaltung des Ortes, der Praxis der Zubereitung und der pharmakologischen Wirkung des Tees.

Als ich 2016 in Taipei eingeladen war, im Rahmen des an der *Taiwan National University* stattfindenden *Global Initiatives Symposiums* einen Vortrag zu halten, so hatte ich dort auch die Gelegenheit wahrgenommen, an einer ausführlichen Teezeremonie in einem traditionellen Teehaus teilzunehmen. Es handelte sich in der Tat um ein einzigartiges Erlebnis. Zusätzlich zu den bereits erwähnten Elementen, so möchte ich noch herausstellen, war die Wertschätzung dem Tee und dem Wasser gegenüber für europäische Verhältnisse ungewöhnlich groß. Alle Sinne wurden im Rahmen der Zeremonie geschärft. Dies geschah sowohl durch die verschiedenen Praktiken als auch durch die Umgebung, die niedrigen Tische, den Teich, die darin befindlichen Koi-Karpfen, die unterschiedlichen Tassen. So gab es eine Tasse, die alleine zum Riechen des Tees vorhanden war. Erst nach dem Riechen wurde der Tee aus der etwas länglicheren Tasse in die breitere geschüttet, um aus ihr zu trinken und beim Trinken auf die Geschmacksveränderungen zu achten, die aufgrund der verschiedenen Brühvorgänge enorm waren. Ich möchte es hier nicht unerwähnt lassen, dass es mittlerweile keineswegs üblich ist, dass jeder Ostasiate bereits einmal an einer solch elaborierten Zeremonie teilgenommen hat. Da die Erfahrung dieser Zeremonie bei mir einen starken Eindruck hinterließ, erkundigte ich mich bei taiwanesischen Studierenden, wie häufig sie denn in solche Teehäuser gehen. Viele von ihnen teilten mir mit, dass sie noch nie an einer solchen Zeremonie teilgenommen hatten. Ein Grund hierfür mögen übrigens auch die Kosten sein. Die Preise für ein Kännchen Tee haben in dem Teehaus, in dem ich war, bei 15 € angefangen. Angesichts der relativ hohen Kosten einer solchen Zeremonie sollte die soziale Ausgrenzung derlei exklusiver Achtsamkeitsübungen bedacht werden.

Abgesehen von der Frage dieser sozialen Dimension deutet das Beispiel jedoch ebenso auf wichtige lebensweltliche Herausforderungen hin: die soziale Bedeutung von Lebensmitteln. Das relationale In-der-Welt-Sein als unser In-der-Welt-Sein; die Möglichkeiten von neuen mystischen religiösen Erfahrungen, deren Erlebnis möglicherweise durch psychoaktive Substanzen gefördert werden können. Alle drei Aspekte werden durch das Beispiel der Teezeremonie exemplifiziert.

Die Wertschätzung des Tees und auch die Bedeutung von Wasser sind im Rahmen der Teezeremonie ganz bemerkenswerte Elemente. Achtsamkeit wird so als eine Grundhaltung eingeübt. Achtsamkeit verändert die Weltwahrnehmung. Achtsamkeit intensiviert auch das eigene Selbstverhältnis. Die Realisierung des eigenen relationalen Eingebettetseins ist diesbezüglich eine bemerkenswerte Veränderung des eigenen Weltbezugs. Es ist nicht gleichgültig, was ich zu mir nehme. Mit dem Zucker von süßen Brausen schädige ich meinen Körper. Der Verzehr von

Fleisch aus Massentierhaltung fördert nicht nur das Leid der Tiere, sondern hat gleichzeitig tiefgreifende Auswirkungen auf das Klima. Der übermäßige Verzehr von Salz erhöht das Risiko eines frühzeitigen Todes enorm. Bereits Nietzsche hat Fragen zu Ernährung, Klima und Orten als die eigentlichen philosophischen Fragen herausgestellt. Achtsamkeit hinsichtlich genau dieser Angelegenheiten ist bedeutender für die eigene Lebensqualität als dies weithin angenommen wird. Gerade diese Fragen sollten nicht geringgeschätzt werden. Wir sind ganz in diese Welt verstrickte Lebewesen. Unser In-der-Welt-Sein ist ein relationales In-der-Welt-Sein. Der Geist ist keine immaterielle Entität. Er ist nicht getrennt von unserem Körper in dieser Welt. Wir sind psychophysiologische Wesen. Auch die Vernunft ist kein Etwas, das wir zum Zeitpunkt der Verschmelzung von Ei und Samenzelle erhalten, sondern sie ist etwas evolutionär Entstandenes, das an die Komplexität der in uns verschalteten Neuronen gekoppelt ist. Vernunft ist Sprache, ist Mathematik und ist die Fähigkeit, Schlussfolgerungen zu ziehen. Unsere Vernunft wurde durch unsere Umwelt geformt. Eltern sind Schöpfer der kindlichen Vernunft und fördern die Fähigkeiten, die wir mit der Vernunft identifizieren. Sie formen die Vernunft ihrer Kinder. Selbstverständlich sind es nicht nur und nicht immer die Eltern. Die gesamte Umwelt ist hierfür verantwortlich, da alles Leben sich in einem komplexen Netz von relationalen Verstrickungen vollzieht. Es ist dieses Eingebettetsein, was uns die Teezeremonie vermittelt. Auch weist sie möglicherweise noch auf mehr hin. Wir schließen die Augen. Wir gehen in uns. So erkennen wir uns, die wir in der Welt sind, von Innen. Ich bin es, der in der Welt ist. Ich kann mit der Welt interagieren. Also bin ich letztlich nichts Anderes als alle anderen weltlichen Entitäten. Nur mich selbst kann ich nicht nur von außen, sondern auch von innen entdecken. So entdecke ich aber gleichzeitig das, woraus die Welt besteht, da ansonsten mein Handeln in der Welt nicht möglich wäre. Es ist diese mystische Dimension und möglicherweise auch dieses Element einer neuen Religiosität, das ich meditativ erfahren kann. Schilderungen im Sufismus, der Kabbala und auch von christlichen oder buddhistischen Mystikern gehen in eine ähnliche Richtung. Bei transhumanistischen Überlegungen besteht durchaus die Offenheit für solche Formen von Religiosität.

Die verschiedenen hier vorgestellten Überlegungen zur Errungenschaft der Entschleunigung, der pharmakologisch geförderten Achtsamkeit sowie auch damit einhergehend eines relationalen Weltverständnisses und möglicherweise auch einer neuen Form von nicht-dualistischer Religiosität verdeutlichen, dass keine naiv verstandene weitere Entschleunigung die angemessene Reaktion auf weithin diagnostizierte Phänomene darstellt, sondern es zunächst einmal gilt, die eigenen Ansprüche auf eine historisch informierte Weise einzuordnen. Wie sind meine Erwartungen an das Leben? Woher habe ich diese Erwartungen? Sind sie realistisch?

Parallel hierzu sollte eine angemessene Form der Beschleunigung weiter unterstützt werden, da mit ihrer Hilfe eine authentische Entschleunigung gefördert werden kann. Wie hier erläutert, so erachte ich diesbezüglich insbesondere die folgenden drei Ansätze für relevant: (1) Förderung der radikalen Achtsamkeit auch mittels der Berücksichtigung entsprechender Pharmaka. (2) Entschleunigung durch die Erhöhung menschlicher Leistungsfähigkeit durch eine Vielzahl von Verbesserungstechniken. (3) Durch die Steigerung der Automatisierung problematischer und komplexer menschlicher Tätigkeitsfelder und den verstärkten Einsatz von Künstlicher Intelligenz können unsere Leben entschleunigt werden. Auf diese Weise kann mittels Beschleunigung eine noch entschleunigtere Zukunft realisiert werden. Früher war nicht alles besser. Die Zukunft muss kein Armageddon sein. Vielmehr versprechen uns unsere Erfahrungen mit neuen

Techniken, dass durch sie unsere Gesundheitsspannen verlängert, unsere Leben entschleunigt und die Möglichkeiten, die Fülle des Lebens zu erfahren, vermehrt werden. Gleichzeitig werden viele komplexe Prozesse durch solche Entwicklungen vereinfacht. «Simplify your life with transhumanism» könnte in der Tat ein passender Leitsatz und eine angemessene Beschreibung für ausgewählte Entwicklungen darstellen.

Wir leben so gewaltlos wie nie zuvor, so lange wie nie zuvor und so entschleunigt wie nie zuvor. Technische Fortschritte haben hinsichtlich der Etablierung dieser Errungenschaften eine wichtige Rolle gespielt, und die abschließenden Überlegungen zur Entschleunigung haben aufgezeigt, dass durch eine weitere Beschleunigung auch eine noch intensivere Entschleunigung zu erwarten ist. Die Förderung der neuesten Techniken kann also auch dabei behilflich sein, unsere Leben zu vereinfachen. «Simplify your life with transhumanism.» Frauen müssen nicht mehr schwanger werden. Kinder entwickeln sich in künstlichen Gebärmüttern, den *biobags*, was für die Inklusion von Frauen auf dem Arbeitsmarkt von unschätzbarer Bedeutung ist. Bücher, Filme und Fernsehen sind digital vorhanden. Der Umzug in ein anderes Land wird so wesentlich vereinfacht. Wir benötigen nur noch einen Computer mit Internetzugang, ein warmes Bett und etwas Leckeres zum Essen, vielleicht ein Filetsteak, das zu Hause in einer Petrischale gewachsen ist, sodass keine Tiere zur Essensproduktion mehr getötet werden müssen und die Massentierhaltung abgeschafft werden kann, wodurch der Kohlendioxidausstoß stark reduziert wird, was wiederum eine positive Wirkung auf den Treibhauseffekt haben wird. Ich freue mich über jeden weiteren Schritt auf dem Weg in die posthumane Zukunft.

Nihilismus als Errungenschaft

Obwohl der bereits von Nietzsche beschriebene Prozess der menschlichen Selbstüberwindung auch von mir hier als ein bejahenswertes persönliches Ziel dargestellt wird, so muss doch gleichzeitig auf eine wichtige Abgrenzung zu Nietzsches Standpunkt hingewiesen werden. Nietzsche fordert, den Nihilismus zu überwinden. Ich hingegen spreche mich gegen eine solche Entwicklung aus, da solche Prozesse mit der Etablierung neuer paternalistischer Strukturen einhergehen. Auf diese Weise wird jedoch die wunderbare Errungenschaft der Freiheit, die es noch auszubauen gilt, wieder untergraben. Diese Einschätzung möchte ich hier noch ein wenig genauer auf allgemeinere Weise schildern.

Technische Innovationen ermöglichen uns, besser zu leben, mit weniger Gewalt zusammenzuleben, entschleunigter die Welt zu erfahren, achtsamer zu sein und unsere Lebenswelt zu vereinfachen. Es kommt jedoch darauf an, dass die entscheidenden politischen Randbedingungen geschaffen werden, denn ansonsten sind auch noch nie gekannte Herausforderungen der Überwachung mit diesen Entwicklungen gegeben. Diese hier vorgestellten Gedanken beruhen jedoch nicht auf der These, dass der Vorgang der Aufklärung wieder rückgängig gemacht werden sollte und der mit diesem Prozess entstandene Nihilismus ein Problem darstellt. Der Nihilismus ist nicht beklagenswert, vielmehr sollte er gefeiert werden. Bei den verschiedenen Facetten des Nihilismus handelt es sich um Errungenschaften, die die Wahrscheinlichkeit fördern, die Vielfalt des Lebens zum Florieren zu bringen. Es handelt sich um Prozesse, die sich gegen totalitäre und paternalistische Strömungen wenden und auf dynamische Weise stets um die Unterstützung der Pluralität von Selbstüberwindungsprozessen bemüht sind.[8] Die Relevanz des Nihilismus tritt insbesondere hinsichtlich der folgenden zwei Bereiche hervor: Wahrheit und Moralität, d.h. der aletheische Nihilismus und der ethische Nihilismus. Nietzsche sowie auch die Postmodernen haben die Relevanz der ersten Variante des Nihilismus, d.h. die Einschätzung, dass jedes Urteil eine Interpretation ist, erkannt und bejaht. Naturalisten hingegen haben diese Einschätzung zumeist vehement bekämpft. Gerade in der Tradition des evolutionären Humanismus und auch bei Transhumanisten war der Glaube an die Fähigkeiten der Vernunft ungebrochen. Sie haben allerdings nicht realisiert, dass in einer Welt der beständigen dynamischen Veränderung auch die Möglichkeiten der Vernunft nicht mehr die gleichen sein können, wie dies zuvor der Fall war. Die Vernunft wird in einer naturalistischen Welt zu einer evolutionär entstandenen. Sie ist nichts Unveränderliches, das uns ermöglicht, ewige Wahrheiten zu schauen. Wenn alles sich in jedem Bezug in jedem Moment verändert, besteht nicht mehr die Möglichkeit irgendeiner rigiden Identität, im strengsten Leibniz'schen Sinn, d.h. Entitäten sind identisch, wenn sie ununterscheidbar sind, wobei auch raum-zeitliche Eigenschaften mit berücksichtigt werden. Eine Übereinstimmung von Urteilen und letztbegründeten Sachverhalten ist nicht zu denken, wenn sich alles auf beständige Weise verändert. Dies wiederum müsste notwendigerweise gegeben sein, wenn wir von einer letztbegründeten Erkenntnis der Welt sprechen. Selbstverständlich sind pragmatische Wahrheiten weiterhin möglich. Induktiv gewonnene Naturgesetze sind pragmatische Wahrheiten. In der Regel funktionieren diese Wahrheiten. Flugzeuge können fliegen. Wir steigen in Flugzeuge ein, was unser Vertrauen in diese pragmatischen Wahrheiten verdeutlicht. Auch wenn wir zwei Hunde sehen und dies sprachlich kundtun (*de dicto*), dann handelt es sich um eine pragmatische Wahrheit. Sie hat aber nichts mit einer Letzterkenntnis der Welt zu tun. Wir wissen noch immer nicht, woraus diese Hunde bestehen. Worin besteht die Substanz (*de re*) dieser Hunde? Die Wahrheit von pragmatischen Urteilen ist auf der Basis dieses Denkens weiterhin möglich. Der aletheische Nihilismus impliziert jedoch, dass es, sobald wir uns den letzten Gründen und den entscheidenden philosophischen Fragen zuwenden, höchst unplausibel ist, von einer Korrespondenz der sprachlichen Urteile mit weltlichen Sachverhalten zu sprechen. Auch das Urteil, dass 1 und 1 gleich 2 ist, ist nicht letztgültig. Hierbei handelt es sich ausschließlich um eine Tautologie.

Selbstverständlich kommunizieren wir beständig mit Hilfe unserer Worte. Dies funktioniert zumeist so, dass wir handlungsfähig bleiben. Sprache ist ein Hilfswerkzeug, das uns im Rahmen unserer Weltbewältigung behilflich ist. Bei Sprache handelt es sich um eine Technik. Traditionell war Sprache ein Zeichen unserer Vernunft und damit auch alleine schon aufgrund unserer gottgegebenen Vernunftseele vorhanden. Nun erkennen wir, dass Vernunft meist auf einer mittels der Technik der elterlichen Erziehung geschaffene Ausformung des Gehirns beruht. Die vormals von Gott gegebene Vernunftseele, die den Funken Gottes repräsentiert und uns ermöglicht, die ewigen Ideen zu schauen und damit auch unveränderliche Wahrheiten zu erkennen, wird nun als eine menschengemachte Eigenschaft angesehen, die verdeutlicht, dass wir Cyborgs und damit gesteuerte Wesen sind, da aufgrund des Erlernens von Sprache eine technische Gestaltung unseres Gehirns durch unsere Umwelt stattgefunden hat. Die mit der Vernunft einhergehende Sprache ist daher eine poetische Schöpfung. Jede Wortbedeutung ist unmittelbar an die spezielle Lebensgeschichte von dem gebunden, der ein bestimmtes Wort gebraucht. Aufgrund von kulturbedingten Gemeinsamkeiten kann Kommunikation trotzdem gelingen. Dies bedeutet jedoch nicht, dass Sender und Rezipient je die gleiche Bedeutung mit Worten und

Urteilen identifizieren. Jedoch ist die Vermittlung von Ideen in der Regel so verlässlich, dass wir im Rahmen unseres Lebensvollzugs unsere Absichten realisieren können. Wir bekommen meist einen Espresso, wenn wir diesen in einer Bar bestellen. Die Bedeutung eines geäußerten Wortes ist jedoch ein in jedem Moment einzigartiges Kunstwerk und stets eng an den gekoppelt, der es äußert. Primär vor diesem Hintergrund kann geurteilt werden, dass der Nihilismus hinsichtlich der Möglichkeit der Wahrheitserkenntnis Folgendes besagt: Jedes Urteil ist eine Interpretation. Eine Interpretation zu sein, bedeutet jedoch nicht, dass das betreffende Urteil falsch sein muss, sondern es beinhaltet ausschließlich, dass das betreffende Urteil falsch sein kann. Diese Unterscheidung ist wichtig. Wenn wir annehmen würden, dass Interpretationen falsch sein müssen, würden wir ein Kriterium für Wahrheit annehmen. Dies bedeutet ebenso, dass wir uns als Vertreter des aletheischen Nihilismus selbst widersprechen würden. Da das Konzept der Interpretation jedoch nur impliziert, dass das betreffende Urteil falsch sein kann, ist kein diesbezüglicher Selbstwiderspruch gegeben. Es kann durchaus schwierig sein, sich an dieser Einsicht in der lebensweltlichen Praxis stets konsistent zu orientieren. Es ist umständlich, die Selbstrelativierung jeder Aussage konsistent anzuwenden. Auch unsere Grammatik ist hieran schuld. Sie legt eine gewisse Letztbeschreibung der Welt nahe. Was wäre jedoch die bestmögliche Art mit dieser Herausforderung umzugehen? Nietzsche hat betont, dass Sprache ein Heer von Metaphern ist. Wittgenstein hat am Ende seines *Tractatus logico-philosophicus* herausgestellt, dass alles das, was er hierin vertritt, auf der Basis seiner eigenen Philosophie eigentlich gar nicht philosophisch begründen kann. Heidegger hat hingegen eine eigene Sprache entwickelt, um sich von den metaphysischen Implikationen der vorhandenen Sprache zu befreien. Ich hingegen betone, die lebensweltliche pragmatische Schwierigkeit dieser Einsicht und bemühe mich um den Gebrauch entsprechender selbstrelativierender Aussagen, wann immer mir diese besonders wichtig erscheinen, wissend, dass dies im lebensweltlichen Vollzug nicht immer möglich ist. Entscheidend ist es festzustellen, dass es auch und gerade bei einem konsequent durchdachten Naturalismus notwendig ist, davon auszugehen, dass Wahrheit im Sinne der Korrespondenz zur Wirklichkeit nicht mehr auf plausible Weise gedacht werden kann. Wahrheit kann höchstens noch als etwas Pragmatisches gedacht werden. Wir gebrauchen Sprache, um uns in der Welt zurechtzufinden. Das Wesen der Welt in Übereinstimmung zur Wirklichkeit sprachlich zu erfassen, kann alleine schon deshalb nicht gedacht werden, weil die Welt sich beständig in jedem Bezug verändert, dies jedoch bei der Sprache nicht der Fall ist. Aus all diesen Gründen gelange ich zur Bejahung des aletheischen Nihilismus. Unabhängig von diesen philosophischen Überlegungen, so unterstreichen auch ethische Gedanken diesen Ansatz. Dieses Wahrheitsverständnis impliziert ebenso, dass durch ein Abrücken von einem rigiden Wahrheitsanspruch die Vielfalt des Lebens nicht unterdrückt wird. Universale Urteile, die den Anspruch der Korrespondenz zur Welt haben, implizieren, dass diese Vielfalt falsch sein muss und jeder, der mit diesem Urteil nicht übereinstimmt, zum Schweigen gebracht werden muss, da er die Menschheit in die Irre führt. Auch hierzu wäre noch viel zu sagen. Die Relevanz, den aletheischen Nihilismus vor dem Hintergrund der Reduzierung von Gewalt als Gewinn zu betrachten, sollte nicht unterschätzt werden. Mein philosophischer Lehrer Vattimo hat diese Einsicht bereits auf überzeugende Weise dargelegt. In den nun folgenden Überlegungen werde ich auf die Bedeutung des ethischen Nihilismus eingehen, der vom aletheischen Nihilismus zu unterscheiden ist.

Im Unterschied zu meinem Ansatz ist es Nietzsche sowie auch vielen postmodernen Denkern an der Überwindung des ethischen Nihilismus gelegen. Diesbezüglich haben ihre Überlegungen jedoch zu kurz gegriffen. Mit jedem Versuch der Überwindung des ethischen Nihilismus geht die Reetablierung von potentiell gewalttätigen totalitären und paternalistischen Strukturen einher, schließlich besagt der ethische Nihilismus Folgendes: Jedes nicht-formale Urteil hinsichtlich der Frage nach dem guten Leben ist notwendigerweise höchst unplausibel. Genau diese philosophische These habe ich im Abschnitt zur radikalen Pluralität des Guten thematisiert. Es ist wichtig, zu erwähnen, dass sich diese Einschätzung auf Aussagen zum guten Leben bezieht, nicht auf Urteile zum moralisch Richtigen. Insofern widerspricht auch die hier vertretene Hochschätzung der negativen Freiheit nicht dem ethischen Nihilismus. Die Freiheit ist eine moralische Norm, sie ist keine inhaltliche Aussage bezüglich des guten Lebens. Auch das hier implizit vertretene Urteil, dass wir alle ein gutes Leben erstreben, besagt inhaltlich rein gar nichts, da mit dem hier beschriebenen Guten keine materiellen Eigenschaften einhergehen. Es handelt sich allenfalls um ein formales Urteil. Ein konsequent durchdachter Naturalismus legt diese Einschätzung nahe. Jeder unserer Körper, der selbstverständlich nicht alleine ein materieller Körper ist, sondern vielmehr eine Ansammlung von Instinkten, d.h. miteinander kooperierender psychophysiologischer Quanten, hat ganz eigene Anliegen, Wünsche, Begierden, Träume, Bestrebungen. Diese haben häufig mit ganz unterschiedlichen Schattierungen von Macht und Liebe zu tun. Richard Wagners Einschätzung der wirkmächtigsten menschlichen Antriebe im *Ring des Nibelungen* sind in der Tat bemerkenswert. Jedoch ist auch dieses Urteil extrem vage. Macht kann sich in Form von Kreativität, Wissen, Geld, institutioneller Entscheidungsgewalt, aber auch in einer besonderen Fähigkeit des Baumstammwerfens manifestieren. Was eine Macht ausmacht, umfasst eine enorme Vielfalt von Schattierungen. Gleiches trifft auf den in vielen Ethiken bereits affirmierten Begriff der Liebe zu. Steht die Liebe für die Zuwendung zu einem Partner, zu Pflanzen, zu einem tierischen Begleiter, zu einer Idee, zu einer Weltanschauung oder zur nicht-menschlichen Welt im Allgemeinen? Mit meiner Einschätzung treffe ich keine inhaltliche Aussage zum guten Leben. Vielmehr bleibt es materiell unbestimmt. Entweder wende ich mich mir selbst oder dem Anderen zu, Macht oder Liebe, Einzigartigkeit oder Einheit. Es ist in der Regel hilfreich, diese beiden Bestrebungen im Rahmen der eigenen lebensweltlichen Interpretationen zu berücksichtigen. Diese Einschätzung ist jedoch weit davon entfernt, vorzugeben, inhaltlich irgendeine Eigenschaft erkannt zu haben, die ein notwendiger Bestandteil des guten Lebens ist.

Mittels psychologischer Befragungen kann man durchaus feststellen, dass bestimmte Einschätzungen zum guten Leben weiter verbreitet sind als andere. Eine lange Gesundheitsspanne, eine hohe Intelligenz und weit entwickelte kognitive Fähigkeiten werden in der Tat von vielen Menschen mit dem guten Leben identifiziert. Diese Einsicht erlaubt jedoch nicht das philosophische Urteil, das diese Eigenschaften universal gültige Aspekte eines guten Lebens sein müssen. Gleichfalls wäre es unzutreffend davon auszugehen, dass es sich um eine beliebige Auflistung von Eigenschaften handelt. Wenn eine große Mehrheit ein bestimmtes Urteil affirmiert, dann kann das betreffende Urteil in der Tat für politische Entscheidungen besonders relevant sein. Gleichfalls bedeutet dies nicht, dass ein solches Urteil stets eines sein muss, das politisch umgesetzt werden sollte. Wenn die körperliche Geschlechtsumwandlung in einer Gesellschaft zu 90 % abgelehnt wird, sie jedoch auf verlässliche Weise durchgeführt werden kann, dann wäre es moralisch problematisch diesen chirurgischen Eingriff zu verbieten, da ansonsten die enorme Errungenschaft der Freiheit untergraben werden würde. «In dubio pro libertate.» Aus diesem Grund betone ich immer wieder die Bedeutung der Freiheit. Leider ist die Bereitschaft, die Freiheit einer anderen Norm zu opfern, gerade im deutschsprachigen Raum sehr weitverbreitet. Ich halte diese Neigung für enorm gefährlich.

Für die negative Freiheit als Norm zu argumentieren, bedeutet jedoch nicht, dass es sich hierbei um eine universal gültige Norm handelt. Es handelt sich vielmehr um eine menschliche Errungenschaft, die ich vertrete und die glücklicherweise heutzutage von vielen Menschen als eine Errungenschaft angesehen wird. Auch handelt es sich bei der Freiheit nicht um die einzige von mir vertretene Norm, sondern nur um diejenige, die von primärer Relevanz sein sollte. Sobald die Gefahr besteht, dass die Freiheit sich selbst untergräbt und durch freiheitliche Prozesse, die Freiheit selbst abgeschafft wird, dann werden Normen benötig, die diese problematischen Entwicklungen ausbalancieren können, wie etwa Gleichheit und Solidarität, die jedoch keine der Freiheit ebenbürtige Normen darstellen. Sobald Gleichheit höher als Freiheit gewichtet wird, wird die Freiheit des Einzelnen paternalistisch untergraben und neue totalitäre Strukturen werden geschaffen. Es ist diese permanente Dynamik, die leider viel zu Wenigen bewusst ist. Oder falls es ihnen bewusst ist, so bemerken sie nicht, welche brutale Gewalt mit dem Primat von anderen Normen als der der Freiheit einhergehen kann.

Mit Hilfe dieses Exkurses zu einem eher abstrakteren Thema sollte die weitere philosophische Einbettung des hier vorgestellten Plädoyers dargelegt werden, anhand dessen deutlich wird, dass sich Naturalismus, Transhumanismus und Nihilismus nicht nur nicht gegenseitig ausschließen, sondern sich vielmehr sogar gegenseitig stützen. Ein ontologischer Naturalismus legt sowohl den aletheischen als auch den ethischen Nihilismus nahe. Anhand zusätzlicher empirischer Erkundungen gelangen wir auf dieser Basis schließlich zu der hier vertretenen Form eines schwachen anti-utopischen Transhumanismus, mit dem aber auch die Vorstellung einhergeht, dass sich gerade auf diese Weise der auf seine jeweils ganz idiosynkratische Weise erfüllt lebende Übermensch realisieren lässt. Der Übermensch steht hier für den weiterentwickelten Menschen, der auf der Basis seiner eigenen Instinkte und mit Hilfe traditioneller wie neuer Techniken die Selbstgestaltung realisiert, mit deren Hilfe er eigenständig und beständig sich auf dynamische Weise anpassend zum Florieren gelangt. Das Florieren darf hier nicht als ein statischer Endzustand verstanden werden, sondern vielmehr als ein sich ständig an die sich verändernden Umstände anpassendes, offenes, aktives und experimentelles Agieren, bei dem sowohl die sich beständig wandelnden Umweltbedingungen berücksichtigt werden als auch die Dynamik der eigenen Instinkte. Hierin besteht die Kunst des Lebens. Sich befreiend von den äußeren Strukturen, die sich auf uneigentliche Weise über die grundlegenden eigentlichen Instinkte gelegt haben, und es mutig zu wagen, sich selbst über diese hinwegzusetzen, sodass sich die Vielfalt der psychophysiologischen Instinkte realisieren kann. Hierin besteht das Faszinierende dieser nicht-utopischen Vision.

Nietzsches Übermensch: Sloterdijk, Habermas und der Transhumanismus

Nietzsche in die aktuellen Debatten um den Transhumanismus zu integrieren, hat im deutschsprachigen Kontext speziell durch die berüchtigte Elmauer Rede Peter Sloterdijks mit dem Titel *Regeln für den Menschenpark* aus dem Jahr 1999 begonnen. Seine Überlegungen wurden damals wiederholt in den Kontext nietzscheanischen Denkens gerückt. Die Intention dahinter war, seine Reflexionen als faschistische zu diskreditieren. Dass Nietzsche auch unter führenden Denkern in Deutschland noch immer in diesem Dunstkreis gesehen wurde, machten die öffentlichen Äußerungen zu seiner *Menschenpark*-Rede sowie die gesamte anschließende in den Feuilletons geführte Debatte deutlich. Viele der in diesem Kontext getätigten Äußerungen sind allerdings höchstens als emotional bedingte intellektuelle Kurzschlussreaktionen zu deuten, da sie einer kritischen Nietzsche-Lektüre nicht standhalten. Sloterdijk hat in seiner damaligen Rede außerdem inhaltlich nichts Anderes getan, als die Notwendigkeit herauszustellen, über Biotechnologien zu reflektieren und sie zu regeln. Ausschließlich seine rhetorische Vorgehensweise lässt die intensive öffentliche Reaktion auf seine Äußerungen verständlich werden, da er explizit auf Heidegger, Platon und insbesondere auch auf Nietzsche eingegangen ist. Alle drei Denker genießen nicht gerade den Ruf, lupenreine Demokraten zu sein. Alleine aufgrund dieser Konnotationen konnte sein Text missverstanden werden, und von einem Missverständnis muss hier in der Tat geredet werden, da Sloterdijk selbst sogar noch biokonservativer ist als Habermas. Dieser Umstand wird explizit anhand von Sloterdijks Tübinger Rede

zur Perfektion aus dem Jahr 2005 deutlich, in der er heraus-
stellt, dass genetische Modifikationen zu Verbesserungszwecken
moralisch verwerflich sind. Ausschließlich ihr therapeutischer
Ansatz sei moralisch vertretbar. Selbst Habermas argumentiert
diesbezüglich für eine offenere Haltung, obwohl auch seine
Position eine biokonservative ist. Seine Überlegungen kommen
zu dem Schluss, dass der Einsatz von Gentechniken auch zur
Lebensverlängerung angemessen sei, da es sich hierbei um ein
Allzweckgut handele. Ansonsten stimmen ihre Bewertungen
überein. Dieser Umstand hielt sie jedoch nicht von einem vehe-
menten intellektuellen Streit ab, der beiden eine große öffentliche Aufmerksamkeit zukommen ließ.

Habermas hat auf die Elmauer Rede Sloterdijks reagiert.
Dies geschah insbesondere in seiner philosophisch intelligen-
ten, anregenden, inhaltlich in allen zentralen Hinsichten jedoch
nicht zu rechtfertigenden Schrift zur liberalen Eugenik aus dem
Jahr 2001. Spannenderweise kommt der Name Sloterdijk hierin
nicht vor. Er hat jedoch wörtlich aus dessen *Menschenpark*-
Schrift zitiert, und derartige Überlegungen mit einer naturalistischen Form des Posthumanismus und allzu deutschen nietzscheanischen Züchtungsfantasien identifiziert.

Diese Einschätzung von Jürgen Habermas ist in vielerlei
Hinsicht unzutreffend. Beim Posthumanismus handelt es sich
um eine in einem anderen kulturellen Kontext verortete Tradition, als dies beim Transhumanismus der Fall ist. Der Transhumanismus ist klar vom Posthumanismus zu unterscheiden. Eine
starke Affirmation genetischer Veränderungen ist zwar ein
Merkmal transhumanistischen Denkens, jedoch sicherlich kein
notwendiger Bestandteil des Posthumanismus.[9] Habermas wollte
an dieser Stelle auf den Transhumanismus verweisen, hat hierfür
aber nicht die treffenden Worte gefunden. Sloterdijk mit dem
Transhumanismus zu identifizieren, ist inhaltlich jedoch in keiner Weise gerechtfertigt. Sloterdijk ist so biokonservativ wie der

Mainstream deutschen Denkens. Der Transhumanismus ist eine radikale Version bioliberalen Denkens. Diese beiden Einschätzungen bezüglich der Angemessenheit neuester Technologien stehen sich diametral entgegen. Den Transhumanismus in den Dunstkreis allzu deutscher Züchtungsfantasien zu rücken, mag zwar ein gekonnter rhetorischer Schachzug sein, hat jedoch nichts mit einer informierten Einschätzung des Transhumanismus zu tun. Auch der Gebrauch des Wortes «Eugenik» bei seinen diesbezüglichen Äußerungen muss als rhetorisches Mittel verstanden werden. Eugenik wird noch immer primär mit den menschenverachtenden Vorgängen des «Dritten Reiches» identifiziert, in dessen Rahmen von staatlicher Seite aus zwischen lebenswertem und nicht-lebenswertem Leben unterschieden wurde. Hiermit hat weder die gegenwärtige Debatte um Gentechniken noch der Transhumanismus etwas zu tun. Kein ernstzunehmender Forscher argumentiert für eine Retotalisierung der Politik. Diese Einschätzung gilt auch für die wissenschaftlich ernstzunehmenden Debatten zu den neuesten Gentechniken. Auch der Transhumanismus agiert vor einem liberalen Hintergrund. Alle seriösen Transhumanisten bejahen eine Form des Liberalismus. Die Bandbreite der in diesem Kontext vertretenen Konzepte ist jedoch sehr weit. Sie reicht von libertären bis hin zu sozialdemokratisch-liberalen Varianten politischen Denkens. Entscheidend ist, dass das Wort «Eugenik», das Habermas benutzt, etwas Anderes zu implizieren scheint, das inhaltlich jedoch nicht zu rechtfertigen ist. Treffenderweise spricht er jedoch von der «liberalen Eugenik», da auch er sich bewusst ist, dass die ethischen Debatten zu Gentechniken hier in einem liberalen Kontext geführt werden. Das Wort «Eugenik» verführt den Leser jedoch zu andern Konnotationen. Transhumanisten und andere Bioliberale sprechen hingegen von der «genetischen Verbesserung», da die diskutierten Techniken nur vor einem liberalen Hintergrund erörtert werden, nämlich dem der Anwendung auf sich selbst bzw. hinsichtlich des besonderen Verhältnisses von Eltern zu ihren Kindern. Transhumanisten in den Dunstkreis von Züchtungsfantasien zu rücken, ist daher nur als cleverer rhetorischer Schachzug zu verstehen, um mit dem «Nazi-Vorwurf» den Transhumanismus aus dem akademisch angemessenen intellektuellen Diskurs zu verbannen. Dies ist ihm leider gar nicht so schlecht gelungen.

Gegen das Vorrücken transhumanistischer Diskurse im internationalen Kontext konnte jedoch auch Habermas nichts bewirken. Auf den unterschiedlichen kulturellen, sozialen und politischen Ebenen hat der Transhumanismus kontinuierlich an Bedeutung gewonnen. Diese Entwicklung hat Habermas selbstredend erkannt. Er konnte die Transhumanisten nicht mehr länger als kleine Gruppe intellektueller Spinner abtun, die zu viel Zeit vor dem Computer verbracht haben, da sie mittlerweile im Zentrum akademischer Diskurse standen, im Silicon Valley Einfluss hatten und die entscheidenden Impulse für soziale, kulturelle und politische Veränderungen leisteten. Aus diesem Grund griff Habermas in einer Publikation aus dem Jahr 2014 zu anderen Mitteln. Nun rückte er den Transhumanismus plötzlich in den Dunstkreis einer Sekte. Erneut handelt es sich um ein geschicktes rhetorisches Mittel, das intellektuell jedoch in keiner Weise zu rechtfertigen ist. Weder gibt es kultische Handlungen und unbewiesene Dogmen beim Transhumanismus, noch Gebete, Symbole und irgendeine Form einer religiösen Institutionalisierung. Transhumanisten nehmen ausschließlich das evolutionäre Denken ernst und betonen die Notwendigkeit, auf wissenschaftliche Erkenntnisse zurückzugreifen und bisherige Einschätzungen zu revidieren, sobald uns verlässlichere Daten zu Verfügung stehen. Habermas' rhetorische Kniffe hinsichtlich der Einschätzung des Transhumanismus werden glücklicherweise auch heutzutage weithin ignoriert. Es handelt sich um billige Griffe in die Mottenkiste eines alternden Zauberers.

Entscheidend ist: Wir befinden uns auf dem Weg zum Übermenschen. Entweder wir entwickeln uns weiter oder wir sterben aus. Wir benötigen die neuesten Techniken, um uns an die sich ständig wandelnden Umweltbedingungen anzupassen und unsere Lebensqualität zu steigern. Es besteht also eine Notwendigkeit über die große Vielzahl von den mit den neuesten Techniken einhergehenden Herausforderungen nachzudenken. Der Wunsch vieler Biokonservativer, in die natürlichen Wälder der Vergangenheit zurückzukehren, ist kein ernstzunehmender. Wo wären wir gegenwärtig ohne die Errungenschaften der neuesten Techniken? Gefährlich können uns die neuesten Techniken jedoch dann werden, wenn wir auf der Grundlage des traditionellen humanistischen Menschenbildes mit ihnen umgehen. Wenn wir uns als die alleinige Krone der Welt betrachten, dann besteht die Möglichkeit, dass wir unsere Umwelt durch den Gebrauch der neuesten Techniken zerstören. Im Transhumanismus und insbesondere bei meinem Nietzscheanischen Transhumanismus ist dies nicht der Fall. Hier habe ich ein bescheideneres Menschenbild vertreten. Der Mensch unterscheidet sich höchstens graduell von anderen Lebewesen. Dies bedeutet auch, dass Technikaffirmation und eine inklusive Nachhaltigkeit keine sich entgegenstehenden Prinzipien sind, sondern in die gleiche Richtung wirken. Nur durch einen angemessenen Technikeinsatz können wir langfristig eine inklusive Nachhaltigkeit realisieren. Nietzsches Denken hat ganz entscheidende Impulse für diese Wende in der philosophischen Tradition gegeben. Es handelt sich hier in der Tat um eine radikale Wende, die mit der großen Tradition westlichen Denkens bricht. Die meisten wirkmächtigen westlichen Philosophen hatten eine zum Transhumanismus diametral entgegengesetzte Grundhaltung, die den Menschen als ein Wesen mit einem materiellen Leib und einer immateriellen Vernunftseele ansah. Die Philosophien Platons, der Stoiker, Descartes' und auch Kants stehen hier paradigmatisch für diese dominante Tradition. Aus diesem Grund reagiert der durchschnittliche akademische deutsche Philosoph mit einem tief verwurzelten Widerwillen auf transhumanistisches Denken. Dies ist auch der Grund dafür, dass Nietzsche auch heute noch keinen so hohen Stellenwert an deutschsprachigen Universitäten hat wie etwa Kant. Nur weil eine bestimmte Grundhaltung gegenwärtig dominiert, muss dies aber nicht immer so bleiben.

Wenn wir Glück haben und nicht aussterben sollten, dann bewegen wir uns hin zum Übermenschen, zum Posthumanen. Die Möglichkeiten, die menschliche Selbstüberwindung technisch zu unterstützen, wachsen kontinuierlich. Nun liegt es an uns, die Weichen auf angemessene Weise zu stellen. «Varietas delectat.» Die Vielfalt erfreut. Dies trifft auch auf die Vielfalt des Lebens zu. Auch technisch können wir diese Vielfalt noch weiter fördern, um so unser individuelles Wohlbefinden noch weiter zu fördern, aber gleichzeitig auch, um die Entwicklung komplexer lebender Organismen und auch den menschlichen Selbstüberwindungsprozess beständig auf angemessene Weise zu unterstützen.

Anmerkungen

1 Die wirkmächtigsten Techniken habe ich detailliert in meiner Monographie *Schöner neuer Mensch* (Nicolai Verlag, 2018) analysiert.

2 Dieses Urteil habe ich an anderer Stelle detailliert dargelegt: Sorgner, S. L.: *Genetic Enhancement and Metahumanities. The Future of Education.* In: Journal of Evolution and Technology, 25/1, 2015, 31–48.

3 Eine Analyse der diesbezüglichen moralischen Herausforderungen und zentrale Lösungsansätze veranschauliche ich in einem wissenschaftlichen Artikel: Sorgner, S. L.: *Genetic Privacy, Big Gene Data, and the Internet Panopticon.* In: Journal of Posthuman Studies: Philosophy, Media, Technology, 1/1, 2017, 87–103.

4 Zur Erklärung: eine kategorial-dualistische Ontologie nimmt die Existenz eines materiellen Leibes und einer immateriellen Seele an.

5 In diesem und in den folgenden beiden Abschnitten wurden überarbeitete Passagen aus einem bereits veröffentlichten Artikel integriert: Sorgner, S. L.: *Altern als Krankheit.* In: Ehni, H.-J. (Hg.): *Altersutopien.* Campus, Frankfurt a.M., 2018, 57–74.

6 Alle zentralen Texte der komplexen Debatte, die durch einen Artikel von mir aus dem Jahr 2009 ausgelöst wurde, sind in dem folgenden Sammelband enthalten: Tuncel, Y. (Hg.): *Nietzsche and Transhumanism.* Cambridge Scholars Publishing, Newcastle upon Tyne, 2017.

7 In diesen und im folgenden Abschnitt wurden überarbeitete Passagen aus einem bereits veröffentlichten Artikel integriert: Sorgner, S. L.: *Was wollen Transhumanisten?* In: Göcke, B./Meier-Hamidi, F. (Hg.): *Designobjekt Mensch. Die Agenda des Transhumanismus auf dem Prüfstand.* Herder, Freiburg i.Br., 2018, 153–179.

8   In den folgenden drei Monographien von mir, erläutere ich weitere Aspekte der in diesem Abschnitt kondensiert dargestellten Überlegungen: *Metaphysics without Truth – On the Importance of Consistency within Nietzsche's Philosophy*. 2., revised edition, University of Marquette Press, Milwaukee WI, 2007; *Menschenwürde nach Nietzsche: Die Geschichte eines Begriffs.* WBG, Darmstadt, 2010; *Transhumanismus: «Die gefährlichste Idee der Welt»!?.* Herder, Freiburg i. Br. 2016.

9   Eine weiterführende Erläuterung dieser Unterscheidung findet sich in meiner Monographie *Schöner neuer Mensch* (Nicolai Verlag, 2018). Eine detaillierte Erläuterung der beiden gegenwärtigen Bewegungen findet sich in folgendem Sammelband: Ranisch, Robert/Sorgner, Stefan Lorenz (Hg.): *Post- and Transhumanism: An Introduction.* Peter Lang, New York u. a., 2014.